어린아이가 부르짖다

A Child Cries Out

송명구

목차 ─────────────────────────────

•   프롤로그   4

PART 1   부르짖을 때 구원이 임한다 ────────

CHAPTER 1.	고통이 소망이 되게 하라	10
CHAPTER 2.	내려놓음으로 얻는 생명	28
CHAPTER 3.	기도는 마음의 할례이다	41
CHAPTER 4.	어린아이가 부르짖다	53

PART 2   부르짖을 때 은혜가 임한다 ────────

CHAPTER 5.	구원의 감격을 회복하라	70
CHAPTER 6.	기도 골방에서 주시는 은혜	83
CHAPTER 7.	기도는 영적 함포이다	95
CHAPTER 8.	두 가지 영성	109

부르짖을 때 치유가 임한다

CHAPTER 9. 무의식 속의 나를 사랑하라   128

CHAPTER 10. 약점을 보완하라   141

CHAPTER 11. 어머니에게 임한 부흥   151

CHAPTER 12. 영혼의 한숨   168

부르짖을 때 회복이 임한다

CHAPTER 13. 기도는 영혼의 운동이다   184

CHAPTER 14. 영혼의 독화살   196

CHAPTER 15. 나의 영의 기도   214

CHAPTER 16. 코드블루 에클레시아   228

•   에필로그   241

프롤로그

    우리 민족은 과거 비참하고 처참한 역사의 경험이 있다. 그러나 그 속에서도 한국 교회는 부흥과 성장을 하였다. 과거 우리 민족은 일제 치하 속에 정치, 경제, 사회, 종교 모든 것이 억압당하고, 무너진 상태에서 전쟁을 치러야 했다. 일제 치하와 전쟁의 폐허 속에 이 민족에게 남은 것은 가난과 배고픔 그리고 절망뿐이었다. 누군가의 도움 없이는 도저히 회복할 수 없는 상태이었다. 교회도 마찬가지였다. 이런 상황 속에서 교회들이 한 것은, 할 수 있었던 것은 단 하나, 기도였다. 교회와 산에서 이 땅과 교회의 부흥을 위해 밤낮으로 간절히 부르짖고 부르짖어 기도를 하였다. 일제강점기와 전쟁의 폐허 속에서 이 민족 교회가 할 수 있었던 것은 오로지 부르짖어 하나님의 도움을 구하는 것이었다. 이런 간절하고 절박하게 부르짖어 기도하는 영혼들을 하나님께서 보시고 이 나라를 불쌍히 여기사 축복하셔서 구제받던 나라에서 구제하는 나라로 만들어 주셨다. 교회는 어떠한가? 세계 교회사에 유례를 찾을 수 없는 부흥과 성장을 부어 주셨다.

그런데 작금의 한국 교회는 어떠한가? 처참하게 쇠퇴하고 무너지고 있다. 그 이유는 무엇 때문인가? 과거에는 더 가난하고 굶주렸고, 신학 교육, 신학자, 목회자, 설교자가 적었어도 부흥을 하였는데 지금은 왜 부흥하지 못하는 것일까? 과거보다 부족함 없는 시스템, 프로그램, 목회자, 설교자가 넘치는 시대인데 말이다. 그것은 하나님을 향한 뜨거운 갈망, 간절한 부르짖는 기도를 잃어버렸기 때문이다. 과거에는 밤낮으로 하나님을 간절히 부르짖어 찾던 하나님의 백성들이 이제는 하나님을 찾지 않고 있다. 이제는 그 기도를 무식하고 수준 낮은 기도라고 생각을 하며 배격하고 배척하는 목회자들도 있다. 하나님을 만나겠다는 간절함이 사라지고 인간의 고상함이 그 마음에 자리 잡게 된 것이다. 찰스 스펄전(C. H. Spurgeon)이 쓴 《기도의 황금열쇠》란 책 서문에 이런 내용이 있다.

"기도는 예수 그리스도를 향한 사랑으로 시뻘겋게 달궈진 영혼에서 날아오르는 불티이다."

"우리 기도에 뜨거운 불이 없으면 소멸하는 불이신 하나님과 친밀하게 교제할 수 없다."

"뜨겁게 간절한 마음으로 기도하지 않은 것은 전혀 기도하지 않는 것이나 다름이 없다."

과거 우리의 부르짖는 기도는 주님을 향한 뜨거운 갈망과 믿음의 고백이었으며, 주님을 향한 뜨거운 사랑의 표현이었다. 요한계시록 2장에서 주님은 에베소 교회에게 이렇게 책망하셨다.

그러나 너를 책망할 것이 있나니 너의 처음 사랑을 버렸느니라 그러므로 어디서 떨어졌는지를 생각하고 회개하여 처음 행위를 가지라 만일 그리하지 아니하고 회개하지 아니하면 내가 네게 가서 네 촛대를 그 자리에서 옮기리라(계 2:4-5).

그들이 책망을 받은 것은 신학적인 문제, 교리의 문제가 아니었다. 그것은 처음 사랑을 잃어버렸기 때문이었다. 그러면서 주님은 그것이 어디에서 떨어졌는지 생각하여 회개하고 그 처음 행위를 가지라고 말씀하셨다. 그렇게 하지 않으면 어떻게 하신다고 말씀하셨는가? 촛대를 옮기시겠다고 하셨다. 지금의 한국 교회를 두고 하시는 말씀이 아닐 수 없다. 주님을 향한 처음 마음, 처음 행위는 무엇이었는가? 주님을 향한 간절한 부르짖는 기도이었지 아니한가? 이 처음 행위, 간절한 부르짖는 기도가 식으면서 한국 교회는 어떻게 되고 있는가? 주님이 에베소 교회에게 말씀하신 것처럼 촛대가 옮겨지는 것 같지 않은가? 또한 주님은 라오디게아 교회에게 이렇게 말씀하셨다.

내가 네 행위를 아노니 네가 차지도 아니하고 뜨겁지도 아니하도다 네가 차든지 뜨겁든지 하기를 원하노라 네가 이같이 미지근하여 뜨겁지도 아니하고 차지도 아니하니 내 입에서 너를 토하여 버리리라(계 3:15-16).

오늘날 한국 교회는 위기를 맞고 있다. 그 원인은 하나님을 향한 뜨거운 갈망, 간절한 부르짖는 기도를 잃어버렸기 때문이 아닐 수 없다.

필자는 한국 교회와 크리스천들의 삶 가운데 부흥을 생각하며 이 책을 썼다. 부흥은 죽은 것이나 다름없는 것이 다시 살아나는 것을 말한다. 오늘날 한국 교회와 크리스천들의 삶에 부흥이 필요하다. 우리는 이미 부흥을 경험하였다. 그 부흥은 우리가 하나님께 나아가 간절히 부르짖어 기도할 때 임했다. 오늘날도 동일하다고 생각한다. 그러나 다른 것이 있다면, 이전에는 외적인 가난과 육적인 결핍으로 인해 부르짖어 기도를 하였다면, 오늘날 우리는 내적인 가난, 즉 영적인 결핍으로 인해 부르짖어 기도를 해야 한다는 것이다. 오늘날 한국 교회가 쇠퇴하고 무너지고 있는 것은 육적인 결핍이 아닌 영적으로 가난하고 결핍되어 있기 때문이다. 그러므로 우리가 다시 한 번 하나님께 나아가 간절히 부르짖어 기도를 한다면 한국 교회와 크리스천들의 삶 가운데 부흥이 임할 것이다. 그리하여 하나님이 주시는 구원과 은혜 그리고 치유와 회복의 부흥을 경험하는 모두가 되길 소망한다.

PART
1

부르짖을 때 구원이 임한다

CHAPTER

1.

고통이 소망이 되게 하라

"이스라엘 자손은 고된 노동으로 말미암아 탄식하며 부르짖으니 그 고된 노동으로 말미암아 부르짖는 소리가 하나님께 상달된지라(출 2:23)."

삶은 고통의 연속

유명한 정신과 의사이자 작가인 스캇 펙(M. S. Peck)이 쓴 《아직도 가야 할 길》이란 책이 있다. 책 제목이 말해 주듯이 우리 삶의 무게를 이야기한다. 그 책에서 스캇 펙은 "삶은 고해(苦海)이다."라고 말한다. 그는 다음과 같이 말을 한다.

"삶이 힘들다는 것은 문제를 직면하고 해결하는 과정이 고통스럽다는 것을 말한다. 문제가 생기면 어떤 문제냐에 따라 절망, 비애, 슬픔, 외로움, 죄책감, 후회, 분노, 두려움, 걱정, 고뇌, 좌절 같은 감정을 느끼게 된다. 이러한 감정들로 인해 우리의 마음은 불편해진다. 종종 아주 불편해지고 육체적인 통증과 같은 고통을 느끼며, 그 고통은 때로 가장 심한 육체적 고통과 맞먹는다. 우리가 문제를 문제라고 부르는 이유는 사건이나 갈등이 야기하는 바로 이 고통 때문이다. 삶은 끊임없는 문제를 연속적으로 배출하고 있으므로 삶은 항상 힘들고 기쁨과 동시에 고통으로 가득 차 있는 것이다."

그렇다. 스캇 펙이 이야기하는 것처럼 우리의 삶은 기쁨과 동시에 계속적인 문제와 그 문제로 인해 고통을 겪는다. 때로는 사랑하는 사람의 죽음으로, 물질의 부족함으로, 육체적 질병으로 고통을 겪을 때가 있다. 또한 갑자기 찾아오는 재난과 사고, 사업의 실패와 가정의 분열, 성적과 진로, 취업과 결혼, 퇴직과 건강 등 다양한 문제들로 인해 고통을 겪으며 살아간다.

고통 가운데 있는 이스라엘 백성들

창세기를 보면 야곱과 그의 가족들은 요셉의 도움으로 가난과 배고픔의 땅인 가나안에서 기름지고 풍요로운 땅인 고센으로 이주하여 강하고 큰 민족을 이룬다. 그런데 요셉을 알지 못하는 새로운 왕이 세워지면서 이스라엘 백성들은 고통이 시작되었다. 새로운 왕은 이스라엘 백성들을 우호적으로 생각하지 않고 위협적인 존재로 여겼다. 그 이유는 큰 민족이 된 이스라엘이 전쟁이 일어나면 적군과 연합하여 자신들을 대적할 것이라고 생각하였기 때문이다.

그가 그 백성에게 이르되 이 백성 이스라엘 자손이 우리보다 많고 강하도다 자, 우리가 그들에게 대하여 지혜롭게 하자 두렵건대 그들이 더 많게 되면 전쟁이 일어날 때에 우리 대적과 합하여 우리와 싸우고 이 땅에서 나갈까 하노라 하고(출 1:9-10).

이에 바로는 이스라엘 백성들의 인구를 강제적으로 줄이기 위해 탄압을 시작하였다. 감독들을 세워 국고성인 비돔과 라암셋을 건설하는데 이스라엘 백성들을 노예로 사용한 것이다. 하지만 그의 생각과 달리 학대를 해도 이스라엘 백성들의 인구가 줄어들지 않자 더 강도 높은 노역을 하게 하였다.

그러나 학대를 받을수록 더욱 번성하여 퍼져나가니 애굽 사람이 이스라엘 자손으로 말미암아 근심하여 이스라엘 자손에게 일을 엄하게 시켜 어려운 노동으로 그들의 생활을 괴롭게 하니 곧 흙 이기기와 벽돌 굽기와 농사의 여러 가지 일이라 그 시키는 일이 모두 엄하였더라(출 1:12-14).

이것만이 아니었다. 그는 산파들에게 히브리 아이들이 태어날 때 딸이거든 살려 두고 남자아이가 태어나면 죽이라고 명령을 하였다.

애굽 왕이 히브리 산파 십브라라 하는 사람과 부아라 하는 사람에게 말하여 이르되 너희는 히브리 여인을 위하여 해산을 도울 때에 그 자리를 살펴서 아들이거든 그를 죽이고 딸이거든 살려두라 … 그러므로 바로가 그의 모든 백성에게 명령하여 이르되 아들이 태어나거든 너희는 그를 나일 강에 던지고 딸이거든 살려두라 하였더라(출 1:15-16, 22).

이스라엘 백성들이 사는 곳에서는 매일 절규와 애통하는 소리가 끊이지 않았을 것이다. 하루하루가 견디기 힘든 고통의 나날들이었을 것이다. 이렇듯 바로는 이스라엘 백성들을 노예로 만들어 육체적인 학대뿐만 아니라 정신적, 심리적으로 견딜 수 없는 고통을 겪게 하였다.

구원의 외침

이러한 고통 속에 있었던 이스라엘 백성들은 400년이나 넘게 잊고 있었던 하나님을 간절히 부르짖어 찾는다.

여러 해 후에 애굽 왕은 죽었고 이스라엘 자손은 고된 노동으로 말미암아 탄식하며 부르짖으니 그 고된 노동으로 말미암아 부르짖는 소리가 하나님께 상달된지라(출 2:23).

여기서 '부르짖다'라는 말은 원어로 '차아크'인데, '소리 지르다, 도움을 청하다, 울부짖다, 외치다'라는 뜻으로, 절망적 상태에서 자신의 고통스러운 심정을 큰 소리로 밖으로 표출하는 것을 의미한다. 즉, 이스라엘 백성들이 애굽에서 겪는 일들이 너무 절망적이고 고통스러워 견딜 수 없게 되자 하나님을 간절하게 부르짖어 찾았다는 것이다. 혹자들은 이 부르짖음은 하나님을 향한 간절한 부르짖는 기도가 아니라고 하는데, 그렇지 않다. 성경의 저자들은 이 부르짖음을 하나님을 향한 구원의 간절한 부르짖는 기도라고 기록하고 있다(민 20:15-16; 신 26:6-8; 삼상 12:8; 느 9:27; 시 22:4-5; 행 7:34). 그리고 이 단어는 구약성경에서 90회 이상 사용되었는데, 대부분 하나님의 도움을 필요로 하여 부르짖는 것을 나타낼 때 사용되었다.

구약학자인 월터 브루그만(W. Brueggemann)은 이스라엘 백성들이 부르짖을 수밖에 없었다는 것을 이렇게 표현한다. "몸이 목소리를 요구했기 때문이다."라고 말이다. 또한 스펄전(C. H. Spurgeon)은 "부르짖는 기도는 슬픔에서 나온다. 부르짖는 기도의 언어는 고통이다."라고 하였다.

대학 병원에서 어머니를 간호하고 있을 때 일이다. 저녁이 다 되어서 간호사실이 술렁이기 시작하였다. 무슨 일이 일어나고 있는 것은 맞지만 정확한 내용은 알 수가 없었다. 그리고 시간이 조금 흘러 그 원인을 알 수 있었다. 다른 병동에 있었던 화상 환자가 올라오게 된 것이다. 그 환자는 26세 여성으로 전신에 화상을 입은 환자였다.

그런데 간호사들이 긴장을 한 것은 병실이 없어 환자를 복도에 대기시켜야 했고, 더욱이 화상의 고통으로 환자가 계속적으로 비명을 질렀기 때문이다. 정말 끊임없이 비명에 가까운 고통의 소리를 내었다. 새벽녘에는 나도 모르게 이런 기도가 저절로 나왔다. '주님! 저분을 불쌍히 여겨 주세요.', '저분을 치유해 주세요.', '저 고통에서 벗어나게 해 주세요.'라고 말이다. 얼마나 아프고 고통스러우면 저렇게 비명을 지를까. 안타깝고 불쌍한 마음이 들어 간절하게 기도한 기억이 있다.

화상 환자의 고통은 우리가 상상할 수 없을 정도로 고통스럽다고 한다. 외적으로는 맨살을 철 수세미로 긁는 고통과 같고, 내적으로는 매일 밤 화마에 대한 트라우마로 악몽에 시달린다고 한다.

우리에게 주는 의미가 크다. 그 이유는 우리가 평안할 때는 침묵하며 조용히 기도를 할 수 있지만 반면 고통에 직면해서는 침묵하며 기도를 할 수 없다는 것이다. 우리의 삶은 평안하지 않다. 스캇 펙이 말한 것처럼 고통의 연속이다. 평안함보다는 문제로 인한 고통의 삶이라고 해도 과언이 아닐 것이다. 우리는 화상 환자처럼 비명을 지를 수밖에 없는 환경에 살고 있다. 우리나라의 자살률은 경제협력개발기구(OECD) 국가에서 최상위를 차지하고 있다. 무엇을 말해 주고 있는가? 하루하루 힘들게 견디며 살아가는 사람들이 많다는 것이다. 이러한 사람들에게 참고 살아가라고 말하는 것이 위로가 될까? 아니면 비명이라도 한번 질러 보는 것은 어떠냐고 말해 주는 것이 위로가 될까? 난 후자라고 생각한다.

이런 점에서 비명 소리를 신앙으로 표현하면 '부르짖는 기도'라고 생각한다. 스펄전은 "부르짖음의 기도는 고통의 산물이며 참된 소원의 표현이다."라고 말을 한다. 그렇다. 그의 말처럼 부르짖는 기도는 우리 마음에 있는 고통과 소원을 하나님께 토로하는 기도이다. "주여! 이 죄인을 불쌍히 여겨 주세요.", "주여! 이 고통에서 벗어나게 해 주세요.", "주여! 이 절망에서 건져 주세요."라고 말이다.

고통 소리를 들으시는 하나님

어느 날 기사에서 지개야 스님이라는 분이 자살 방지 전문 사찰을 만들어 운영하는데 많은 사람이 자살을 포기하고 삶의 터전으로 돌아간다는 내용을 보게 되었다. 이 스님의 상담 방식은 독특했다. 스님은 그들에게 잘 곳과 음식을 제공하고 그들의 이야기를 듣기만 하였으며, 몇 시간, 며칠이든 지루해하지 않고 끈기 있게 들어 주었다. 내담자가 이야기하다가 지치면 자게 하고 다시 일어나서 이야기하면 또 들어 주었다. 그러다 보니 사람들의 마음이 '자살'에서 '살자'로 바뀌었다고 한다. 그래서 어떤 사람은 지개야 스님을 '들어 주기 명인'이라고 부른다고 하였다. 그렇다면 우리 하나님은 어떠한가?

하나님이 그들의 고통 소리를 들으시고(출 2:24).

여기에서 '들으시고'라는 단어는 원어로 '쇠마'인데, '경청하다, 유의하다'라는 뜻 외에 파생적 의미로는 '듣고 응답하다'란 뜻이 있다. 즉, 하나님이 고통 소리를 들으셨다는 것은 이미 그 고통이 어떠한지 다 아시고 그 고통에서 건져 내어 주신다는 것을 말한다. 이는 다음 말씀들이 확증해 준다.

여호와께서 이르시되 내가 애굽에 있는 내 백성의 고통을 분명히 보고 그들이 그들의 감독자로 말미암아 부르짖음을 듣고 그 근심을 알고 내가 내려가서 그들을 애굽인의 손에서 건져내고(출 3:7-8).

내 백성이 애굽에서 괴로움 받음을 내가 확실히 보고 그 탄식하는 소리를 듣고 그들을 구원하려고 내려왔노니(행 7:34).

하나님은 이스라엘 백성들의 고통을 보고 듣고 그들의 근심까지도 알고 그들을 애굽에서 건져내 주셨다는 것이다. 이는 무엇을 말하는가? 하나님은 우리의 고통 소리를 들으시고 응답하여 주시는 분이라는 것이다. 앞에서 언급한 것과 같이 우리는 때로는 사랑하는 사람의 죽음, 물질의 부족함, 육체적 질병, 성적과 진로, 취업과 결혼, 이혼과 사업의 실패, 퇴직과 건강 등 다양한 문제들로 인해 고통을 겪으며 살아간다. 이럴 때 우리는 어떻게 해야 하는가? 하나님을 찾아야 한다.

너희는 여호와를 만날 만한 때에 찾으라(사 55:6).

우리가 고통 가운데 있을 때 앞이 캄캄하고 소망이 보이지 않을 때 그때가 바로 하나님을 찾을 때이다. 왜 그런가? 하나님은 우리의 간절한 부르짖음, 고통의 소리를 들으시고 응답하시는 분이시기 때문이다.

네가 부를 때에는 나 여호와가 응답하겠고 네가 부르짖을 때에는 내가 여기 있다 하리라(사 58:9).

우리가 부르짖어 기도할 수 있는 것은 하나님의 큰 축복이 아닐 수 없다. 다른 종교에는 없는 기독교만이 가지고 있는 독특한 (Distinctive) 기도이며 은혜의 도구이다. 성경의 수많은 인물은 부르짖는 기도를 통해 그들이 직면한 문제와 고통에서 구원을 받을 수 있었다. 우리가 삶의 문제와 고통 가운데 낙심하고 좌절하지 말아야 하는 것이 여기에 있다. 우리가 부르짖어 기도할 때 하나님이 그 고통 소리를 들으시고 응답하여 주시기 때문이다.

언약을 이루시는 하나님

또한 하나님은 우리가 부르짖어 기도할 때 언약을 성취하신다.

하나님이 아브라함과 이삭과 야곱에게 세운 그의 언약을 기억하사(출 2:24).

여기 나오는 '기억하사'라는 단어는 원어로 '자카르'인데 '생각하다', '마음에 두다', '잊지 않다'라는 뜻으로, 잊고 있던 사실을 새롭게 기억해 내는 것이 아니라 항상 '잊지 않고', '생각하고' 있었다는 것을 의미한다. 즉, 하나님께서 아브라함과 이삭과 야곱에게 하셨던 그 언약을 평소에는 잊고 지내시다가 어느 날 갑자기 떠올리신 것이 아니라 그 언약을 늘 마음에 두시고 생각하고 계셨다는 것이다. 하나님이 '아브라함과 이삭과 야곱에게' 어떤 약속의 말씀을 하셨는지 아브라함부터 보자.

여호와께서 아브람에게 이르시되 너는 반드시 알라 네 자손이 이방에서 객이 되어 그들을 섬기겠고 그들은 사백 년 동안 네 자손을 괴롭히리니 그들이 섬기는 나라를 내가 징벌할지며 그 후에 네 자손이 큰 재물을 이끌고 나오리라 너는 장수하다가 평안히 조상에게로 돌아가 장사될 것이요 네 자손은 사대 만에 이 땅으로 돌아오리니(창 15:13-16).

다음 이삭이다.

이삭이 거기서부터 브엘세바로 올라갔더니 그 밤에 여호와께서 그에게 나타나 이르시되 나는 네 아버지 아브라함의 하나님이니 두려워하지 말라 내 종 아브라함을 위하여 내가 너와 함께 있어 네게 복을 주어 네 자손이 번성하게 하리라 하신지라(창 26:23-24).

그리고 야곱이다.

또 본즉 여호와께서 그 위에 서서 이르시되 나는 여호와니 너의 조부 아브라함의 하나님이요 이삭의 하나님이라 네가 누워 있는 땅을 내가 너와 네 자손에게 주리니 네 자손이 땅의 티끌 같이 되어 네가 서쪽과 동쪽과 북쪽과 남쪽으로 퍼져나갈지며 땅의 모든 족속이 너와 네 자손으로 말미암아 복을 받으리라(창 28:13-14).

하나님은 아브라함과 이삭과 야곱에게 이스라엘 백성들을 약속의 땅인 가나안으로 돌아오게 하시겠다고 하셨다. 하지만 그 언약은 성취되지 않고 있었다. 그 이유는 무엇 때문인가? 하나님이 아브라함과 이삭과 야곱에게 하신 약속을 잊으신 것인가? 그렇지 않다. 하나님은 그들과의 언약을 잊은 적이 없으셨다. 늘 마음에 두시고 기억하고 계셨다. 그럼 무엇 때문에 언약이 성취되지 않고 있었는가? 그것은 이스라엘 백성들이 하나님을 잊고 있었기 때문이다.

언약을 맺었다는 것은 계약 관계로 쌍방 간에 의무가 있다는 것을 말한다. 이스라엘 백성들의 의무는 무엇이었는가? 하나님만을 사랑하고 섬기며 살아가는 것이었다. 그러나 그들은 어떠하였는가? 하나님을 잊고 살았다. 그러니 언약이 성취되지 않고 있었던 것이다. 이스라엘 백성들이 애굽에서 왜 노예로 고통의 삶을 살았는가? 무엇 때문인가? 그들이 하나님을 잊고 살았기 때문이다. 애굽에서 누리는 풍요와 만족감으로 인해 그들은 하나님을 잊고 살았다. 하나님 없는 그들의 삶은 결국 어떻게 되었는가? 애굽의 노예가 되어 고통의 삶을 살게 되었다. 그렇다면 우리는 어떠한가? 혹 하나님을 잊고 살지는 않는가? 바꾸어서 말하면 애굽이라는 세상에 빠져 하나님을 잊고 살지 않는가? 그 때문에 고난과 고통의 삶을 살고 있지는 않은가? 지금 겪고 있는 고난이나 고통이 하나님을 잊고 살기 때문에 오는 것이 아닌지 돌아보아야 할 것이다.

이스라엘 백성들은 오랫동안 하나님을 잊고 살았다. 그로 인해 애굽의 노예가 되어 고통의 삶을 살아야만 했다. 그들은 하나님을 잊었지만 하나님은 그들을 잊지 않고 계셨다. 그들이 애굽에서 겪는 고난과 고통을 보고 듣고 마음으로 아파하셨다. 이러한 가운데 그들이 하나님을 간절히 부르짖어 찾자 하나님은 아브라함과 이삭과 야곱에게 약속하신 언약을 기억하셨다.

이제 애굽 사람이 종으로 삼은 이스라엘 자손의 신음 소리를 내가 듣고 나의 언약을 기억하노라(출 6:5).

하나님은 이스라엘 백성과의 언약을 잊은 적이 없으셨다. 늘 마음에 두시고 생각하고 계셨다. 다만 그들이 하나님을 찾지 않았던 것이다. 그러나 그들이 하나님을 간절히 부르짖어 찾자 하나님은 그 언약을 기억하셨을 뿐만 아니라 그 언약을 성취하시기 위해 모세를 그들에게 보내셨다.

이제 가라 이스라엘 자손의 부르짖음이 내게 달하고 애굽 사람이 그들을 괴롭히는 학대도 내가 보았으니 이제 내가 너를 바로에게 보내어 너에게 내 백성 이스라엘 자손을 애굽에서 인도하여 내게 하리라(출 3:9-10).

하나님은 이스라엘 백성들의 고통을 보고 알고 계셨다. 어떤 괴롭힘과 학대를 받고 있었는지 말이다. 이런 그들이 하나님을 간절히 부르짖어 찾자 하나님은 모세를 통해 아브라함과 이삭과 야곱에게 약속하신 언약을 이루시기 시작하신 것이다.

예레미야 29장 10절을 보면, 하나님은 예레미야에게 바벨론으로 사로잡혀 간 유다 백성이 70년 후 회복될 것이라고 말씀하셨다.

여호와께서 이와 같이 말씀하시니라 바벨론에서 칠십 년이 차면 내가 너희를 돌보고 나의 선한 말을 너희에게 성취하여 너희를 이곳으로 돌아오게 하리라(렘 29:10).

그러나 유다의 회복과 언약의 성취는 그냥 이루어지는 것이 아니었다. 이어지는 말씀에서 하나님은 그 언약의 성취가 어떻게 이루어지게 되는지 말씀하신다.

너희가 내게 부르짖으며 내게 와서 기도하면 내가 너희들의 기도를 들을 것이요 너희가 온 마음으로 나를 구하면 나를 찾을 것이요 나를 만나리라 이것은 여호와의 말씀이니라 나는 너희들을 만날 것이며 너희를 포로된 중에서 다시 돌아오게 하되 내가 쫓아 보내었던 나라들과 모든 곳에서 모아 사로잡혀 떠났던 그 곳으로 돌아오게 하리라 이것은 여호와의 말씀이니라(렘 29:12-14).

하나님은 그들이 부르짖어 기도할 때 포로 된 중에서 다시 돌아오게 하시고 사로잡혀 떠났던 그곳으로 다시 돌아오게 하시겠다고 말씀하셨다. 즉, 부르짖어 기도할 때 언약을 성취하시겠다고 하신 것이다. 그렇다면 우리가 고난과 고통 가운데 있을 때 어떻게 해야 하는가? 낙심하고 좌절하는 것이 아닌 하나님의 약속의 말씀을 붙들고 부르짖어 기도를 해야 하는 것이다. 그리할 때 하나님의 말씀이 우리 삶에 이루어지게 되는 것이다.

돌보시는 하나님

우리 일상생활에서 누군가의 도움이 필요로 할 때 사용하는 단어가 '케어(Care)'라는 단어이다. 이 단어는 사회 전반적인 요소뿐만 아니라 종교에까지 적용이 된다. 이스라엘 백성들은 누구보다도 케어가 필요한 사람들이었다.

하나님이 이스라엘 자손을 돌보셨고(출 2:25).

여기에서 '돌보셨고'를 한글 개역 성경은 '권념'이라는 단어로 번역을 하였는데, 이는 원어로 '주목하다'를 뜻하는 '라아'와 '알다, 돌아보다'를 뜻하는 '야다'를 합한 단어이다. 이를 직역하면 '하나님이 이스라엘 자손을 자세히 살피시고 돌아보아 주셨다'는 뜻이 된다. 즉, 하나님은 이스라엘 백성들의 고통과 아픔을 자세히 기억하셨을 뿐만 아니라 그들을 구원하실 계획까지 구체적으로 준비하셨다는 것을 의미한다.

여호와께서 이르시되 내가 애굽에 있는 내 백성의 고통을 분명히 보고 그들이 그들의 감독자로 말미암아 부르짖음을 듣고 그 근심을 알고 내가 내려가서 그들을 애굽인의 손에서 건져내고 그들을 그 땅에서 인도하여 아름답고 광대한 땅, 젖과 꿀이 흐르는 땅 곧 가나안 족속, 헷 족속, 아모리 족속, 브리스 족속, 히위 족속, 여부스 족속의 지방에 데려가려 하노라(출 3:7-8).

하나님은 모세를 이스라엘 백성들에게 보내 그들을 고통의 땅인 애굽에서 인도해 내게 하셨다. 그렇게 모세가 리더가 되어 출애굽을 시작한 이스라엘 백성들은 얼마 가지 못해 그들이 해결할 수 없는 여러 문제에 직면하게 된다. 먼저는 홍해 앞에서 뒤에는 애굽 군대가 쫓아오고, 앞은 홍해가 가로막고 있어 사면초가(四面楚歌)에 빠지게 되었다.

바로가 가까이 올 때에 이스라엘 자손이 눈을 들어 본즉 애굽 사람들이 자기들 뒤에 이른지라 이스라엘 자손이 심히 두려워하여 여호와께 부르짖고 … 여호와께서 모세에게 이르시되 너는 어찌하여 내게 부르짖느냐 이스라엘 자손에게 명령하여 앞으로 나아가게 하고(출 14:10, 15).

다음으로는 홍해를 건너 어렵게 마라에서 물을 발견하였지만 그 물은 먹을 수 없는 물이었다.

모세가 홍해에서 이스라엘을 인도하매 그들이 나와서 수르 광야로 들어가서 거기서 사흘길을 걸었으나 물을 얻지 못하고 마라에 이르렀더니 그 곳 물이 써서 마시지 못하겠으므로 그 이름을 마라라 하였더라 … 모세가 여호와께 부르짖었더니 여호와께서 그에게 한 나무를 가리키시니 그가 물에 던지니 물이 달게 되었더라(출 15:22-23, 25).

그리고 신 광야를 떠나 르비딤에 장막을 쳤으나 그곳에는 마실 물이 없었다.

이스라엘 자손의 온 회중이 여호와의 명령대로 신 광야에서 떠나 그 노정대로 행하여 르비딤에 장막을 쳤으나 백성이 마실 물이 없는지라 … 모세가 여호와께 부르짖어 이르되 내가 이 백성에게 어떻게 하리이까 그들이 조금 있으면 내게 돌을 던지겠나이다 여호와께서 모세에게 이르시되 백성 앞을 지나서 이스라엘 장로들을 데리고 나일 강을 치던 네 지팡이를 손에 잡고 가라 내가 호렙 산에 있는 그 반석 위 거기서 네 앞에 서리니 너는 그 반석을 치라 그것에서 물이 나오리니 백성이 마시리라(출 17:1, 4-6).

여기서 우리가 주목해야 하는 것은 문제가 있을 때마다 모세는 어떻게 했는가이다. 어떻게 했는가? 부르짖어 하나님을 찾았다는 것이다. 그때마다 하나님께서는 모세의 부르짖는 소리를 들으셨고 문제를 해결해 주셨다.

우리는 늘 문제에 직면하며 살아가고 있다. 어느 때는 우리의 힘으로 해결할 수 있는 것도 있지만 우리의 힘으로 해결할 수 없는 문제에 직면하기도 한다. 이때 우리는 낙심하고 절망하는 것이 아닌 하나님을 간절히 부르짖어 찾는다면 이스라엘 백성들과 모세를 돌보신 것처럼 우리를 돌보아 주실 것이다.

살다가 너 힘들 때

어느 날 〈불후의 명곡 2〉에서 김진호라는 가수가 〈살다가〉라는 노래를 부르는 것을 보고 순간 몰입하며 보게 되었다. 얼마나 애절하게 부르는지 이 곡이 어떤 곡인지 찾아보려는데, 순간 한 영상이

스크린에 띄워졌다. 그 화면은 함께 그룹 활동을 하며 지냈던 동료의 모습이었다. 이날 무대는 추모 연가 특집으로 꾸며졌는데, 김진호 씨가 함께 활동했던 동료를 추모하며 진심을 담아 애절하게 불렀던 것이었다. 노래를 듣는 방청객이나 함께 참여한 가수들까지 눈물을 흘리며 마음을 함께하는 모습이었다. 김진호 씨가 동료를 생각하며 애절하게 부르는 모습을 보면서, 그 노래 가사에서 하나님의 마음이 전해졌다. 노래 가사는 이랬다.

살아도 사는 게 아니래 너 없는 하늘에 창 없는 감옥 같아서
웃어도 웃는 게 아니래 초라해 보이고 우는 것 같아 보인대
사랑해도 말 못 했던 나 내색조차 할 수 없던 나
나 잠이 드는 순간조차 그리웠었지
살다가 살다가 살다가 너 힘들 때
나로 인한 슬픔으로 후련할 때까지
울다가 울다가 울다가 너 지칠 때
정 힘들면 단 한 번만 기억하겠니 나 살다가

노래를 들으면서 이보다 더 하나님의 마음을 잘 표현한 것이 또 있을까 싶었다. 우리의 삶에 하나님이 없다면 그것이 감옥 같은 삶이 아니겠는가? 또한 세상이 주는 즐거움과 기쁨이 진정 기쁨이겠는가? 어느 순간 잠들려 할 때 주님이 생각나 베갯잇을 눈물로 적시며 그리워하지 않았던가? 이런 우리에게 주님이 말씀하시는 것 같다. "살다가 살다가 너 힘들 때, 단 한 번만 기억하겠니."라고 말이다. 삶

이 너무 힘들고 고통스러울 때 우리 곁에 주님이 계시다는 것을 잊지 말자! 슬픔이 너무 커 낙심과 좌절이 밀려올 때 주님의 이름을 한번 불러 보자. 이게 끝이라고 생각이 들 때 주님의 이름을 한번 불러 보자. 주님이 우리의 고통 소리를 들으시고 응답하여 주실 것이다.

CHAPTER
2.

내려놓음으로 얻는 생명

"성령께서 그에게 말씀하시되 두 사람이 너를 찾으니 일어나 내려가 의심하지 말고 함께 가라 내가 그들을 보내었느니라 하시니(행 10:19-20)."

"그러나 나의 원대로 마시옵고 아버지의 원대로 하옵소서 하시고(막 14:36)."

한 사람의 내려놓음

한국 교회는 1903년 원산에서 시작된 부흥의 도화선이 1907년 평양에 이르러 폭발적으로 확산되면서 부흥과 성장을 하게 되었다. 놀랍게도 그 부흥의 시작은 하디(R. A. Hardie)라는 한 선교사의 내려놓음에서 비롯되었다.

그 당시 하디는 명문 토론토 대학 의과대학을 졸업하고 조선에 입국하였다. 외적으로는 신앙과 지식을 겸비한 선교사였지만 그 내면에는 백인 우월주의와 조선인에 대한 편견과 인종차별이 자리 잡고 있었다. 그러던 중 하디는 선교사 연합 기도회를 인도하던 중에 성령 충만을 체험한다. 그 후 그는 주일 예배 때 자신이 시무하는 교회 성도들 앞에서 공개적으로 죄를 고백하며 회개를 하였다. 의사라는 교만함, 인종적 우월감, 자신이 성령 충만하지 못함으로 아무런 사역의 열매가 없었으며, 조선인들을 무시했던 것을 용서해 달라고 눈물로 회개의 고백을 하자, 조선인들도 자신들의 죄를 자복하며 회개하는 역사가 일어났다.

선교사가 토착 교인들 앞에서 자신의 잘못을 공개적으로 고백하고 인정한다는 것은 쉬운 일이 아니다. 어쩌면 죽기보다 싫은 일이었을 것이다. 그럼에도 하디가 그렇게 고백할 수 있었던 것은 기도회에서 성령 충만을 경험한 후 성령님의 감동에 따라 자신을 내려놓았기 때문이다. 그 내려놓음이 조선 전체의 부흥의 불씨가 되었던 것이다.

잠시 내려놓았다면

청년부 전도사 때의 일이다. 고등부 전도사님이 고등부 수련회를 교회에서 1박 2일로 하니 도와달라고 해서 청년들과 함께 준비하고 있었다. 한창 준비하고 있는데 고등부 전도사님이 난감한 얼굴을 하고 찾아왔다. 중등부 회장에게서 일부 중등부 학생들이 고등부 수련회에 참석하고 싶어 한다는 연락이 온 것이었다. 그때 시각은 수련회 시작까지 2시간 반밖에 남지 않은 때였다. 그래서 전도사님에게 무엇을 망설이냐고, "오라고 해도 오지 않는 아이들인데 두 손 들고 환영해야지."라고 말을 하며 청년들도 더 잘 섬기겠다고 독려를 하였다. 그리고 저녁 7시가 되어 중등부 학생들이 오는데 놀라지 않을 수 없었다. 소수 인원인 줄 알았는데 수십 명의 학생이 들어오는 것이었다. 교회에서 수련회를 한다는 소식을 듣고 서로 연락해서 온 것 같았다. 그중에는 교회에 처음 오는 학생과 교회에 나오지 않았던 다수의 학생까지 포함되어 있었다. 너무나 벅찼고 감격스러웠다. 교회에 나오라고 해도 나오지 않았던 아이들이 스스로 왔으니 말이다. 그래서 고등부 전도사님이나 섬기는 교사 그리고 청년들까지 모두가 한마음이 되어 중등부 학생들을 잘 섬기며 수련회를 진행키로 하였다.

이렇게 모두가 기쁨 마음으로 수련회를 진행하려고 하는데 갑자기 교회 후문에서 이상한 고성이 들려왔다. 무슨 큰일이 일어났나 싶어 헐레벌떡 후문으로 향했다. 그곳에선 생각하지도 못한 일이 벌어지고 있었다. 중등부 전도사님이 고등부 전도사님에게 화를 내고 있었던 것이다. 교사들과 학생들이 모두 지켜보는 가운데 말이다. 화를 내는 이유는 두 가지였다. 하나는 자신의 허락 없이 중등부 학생들을 고등부 수련회에 참석시켰다는 것과 다른 하나는 교회에서 남녀가 어떻게 함께 잘 수 있느냐는 것이었다. 고등부 전도사님이 모든 상황을 설명하려고 해도 들으려고 하지 않고 화만 냈다. 이대로 두면 안 될 것 같아 중재에 나섰다. 중등부 전도사님에게 학생들이 자진해서 참석한 것이니 마음을 진정하고 수련회를 함께 진행하자고 설득하였지만 내 말도 들으려 하지 않고 더 흥분하며 화를 내었다. 그리고 마지막 한 방을 날렸다. 중등부 학생들에게 "모두 집으로 돌아가!"라고 화를 낸 것이었다. 참 안타까웠다. 그런데 예상치도 못한 다른 곳에서 또 다른 한 방이 날아왔다. 이 모습을 지켜보던 한 학생이 중등부 전도사님에게 이렇게 말을 하였다. "에이 ××, 이제 앞으로 교회 안 와." 이 말을 하곤 주위에 있는 학생들을 이끌고 가는 것이었다. 고등부 수련회는 쑥대밭이 되었고, 이후 그 여파는 고등부에까지 미쳐 부흥하던 고등부는 전도사님이 많이 노력하였지만 부흥을 이어 가지 못했다. 지금에 와서 생각하면 중등부 전도사님이 서운했을 수 있지만 자신의 생각을 잠시 내려놓았다면 중등부가 부흥할 수 있는 계기가 되었을 뿐만 아니라 성장하던 고등부는 더욱더 성장의 동력을 얻어 부흥되지 않았을까 하는 생각을 한다.

성령님의 인도하심

우리의 생각을 내려놓는다는 것은 결코 쉬운 일이 아니다. 그럼 어떻게 하면 우리의 생각을 내려놓을 수 있는가? 사도행전 10장 9-16절을 보자.

이튿날 그들이 길을 가다가 그 성에 가까이 갔을 그 때에 베드로가 기도하려고 지붕에 올라가니 그 시각은 제 육 시더라 그가 시장하여 먹고자 하매 사람들이 준비할 때에 황홀한 중에 하늘이 열리며 한 그릇이 내려오는 것을 보니 큰 보자기 같고 네 귀를 매어 땅에 드리웠더라 그 안에는 땅에 있는 각종 네 발 가진 짐승과 기는 것과 공중에 나는 것들이 있더라 또 소리가 있으되 베드로야 일어나 잡아 먹어라 하거늘 베드로가 이르되 주여 그럴 수 없나이다 속되고 깨끗하지 아니한 것을 내가 결코 먹지 아니하였나이다 한대 또 두 번째 소리가 있으되 하나님께서 깨끗하게 하신 것을 네가 속되다 하지 말라 하더라 이런 일이 세 번 있은 후 그 그릇이 곧 하늘로 올려져 가니라(행 10:9-16).

베드로 사도가 욥바에 있는 시몬의 집에 잠시 머물고 있을 때 정오 시간에 지붕에 올라가 기도하던 중 환상을 보게 되었다. 하늘에서 그릇이 내려오는데 그 그릇 안에는 유대인들에게 금기시되는 음식들이 담겨 있었고, 그것들을 잡아먹으라는 주님의 음성이 들려왔다. 이와 동일한 환상이 세 번 반복된 후 베드로가 이 환상의 뜻이 무엇인지 생각하고 있을 때 고넬료가 보낸 사람들이 찾아오게 되었고, 베드로는 그들과 함께 고넬료의 집으로 가 예수그리스도의 복음을 증거하게 되었다.

베드로가 본 바 환상이 무슨 뜻인지 속으로 의아해 하더니 마침 고넬료가 보낸 사람들이 시몬의 집을 찾아 문 밖에 서서 불러 묻되 베드로라 하는 시몬이 여기 유숙하느냐 하거늘 베드로가 그 환상에 대하여 생각할 때에 성령께서 그에게 말씀하시되 두 사람이 너를 찾으니 일어나 내려가 의심하지 말고 함께 가라 내가 그들을 보내었느니라 하시니 베드로가 내려가 그 사람들을 보고 이르되 내가 곧 너희가 찾는 사람인데 너희가 무슨 일로 왔느냐 그들이 대답하되 백부장 고넬료는 의인이요 하나님을 경외하는 사람이라 유대 온 족속이 칭찬하더니 그가 거룩한 천사의 지시를 받아 당신을 그 집으로 청하여 말을 들으려 하느니라 한대(행 10:17-22).

여기서 우리가 놓쳐서는 안 되는 것이 있다. 그것은 베드로가 고넬료의 집에서 예수 그리스도의 복음을 증거하게 된 일은 자발적인 일이 아니라는 것이다.

베드로가 이르되 주여 그럴 수 없나이다 속되고 깨끗하지 아니한 것을 내가 결코 먹지 아니하였나이다(행 10:4).

베드로는 이방인들을 부정하다고 생각하고 있었다. 이는 그가 선민사상과 율법에 갇혀 있었던 인물이라는 것을 말해 준다. 이런 그가 자신의 고정관념을 깨고 이방인 고넬료의 집으로 가서 복음을 증거하였던 것이다. 이를 가능하게 한 것은 무엇인가? 성령님의 역사가 있었기 때문이다.

성령께서 그에게 말씀하시되 두 사람이 너를 찾으니 일어나 내려가 의심하지 말고 함께 가라 내가 그들을 보내었느니라 하시니(행 10:19-20).

이렇게 베드로는 성령님의 음성에 따라 고넬료의 집으로 가서 예수 그리스도의 복음을 증거하게 되었고, 그가 십자가 복음을 증거할 때 집 안에 있는 모든 사람에게 성령께서 임하시는 '이방인의 오순절'이라는 놀라운 역사가 일어나게 되었다.

베드로가 이 말을 할 때에 성령이 말씀 듣는 모든 사람에게 내려오시니 베드로와 함께 온 할례 받은 신자들이 이방인들에게도 성령 부어 주심으로 말미암아 놀라니(행 10:44-45).

이와 같이 베드로가 이방인의 오순절이라는 놀라운 역사적인 사건을 목격하고, 이방인에게도 예수 그리스도의 복음을 증거할 수 있는 사역의 길을 열게 된 것은 다름 아닌 성령님의 역사로 인해 자신의 생각을 내려놓았기 때문이다. 이로 인해 십자가의 복음이 유대인만의 복음이 아닌 이방인에게도 복음이 되었다. 또한 사도행전 16장 6-10절을 보자.

성령이 아시아에서 말씀을 전하지 못하게 하시거늘 그들이 브루기아와 갈라디아 땅으로 다녀가 무시아 앞에 이르러 비두니아로 가고자 애쓰되 예수의 영이 허락하지 아니하시는지라 무시아를 지나 드로아로 내려갔는데 밤에 환상이 바울에게 보이니 마게도냐 사람 하나가 서서 그에게 청하여 이르되 마게도냐로 건너와서 우리를 도우라 하거늘 바울이 그 환상을 보았을 때 우리가 곧 마게도냐로 떠나기를 힘쓰니 이는 하나님이 저 사람들에게 복음을 전하라고 우리를 부르신 줄로 인정함이러라(행 16:6-10).

사도바울은 그의 일행과 함께 아시아를 거쳐 비두니아로 올라가 전도하려는 2차 선교 여행을 계획하였다. 그러나 성령님은 두 번이나 아시아 전도 여행을 막으셨다. 그럼에도 바울은 환상을 보기 전까지 사역을 멈추지 않았다. 그가 자신의 생각을 내려놓고 마게도냐로 향하게 된 것은 다름 아닌 마게도냐 환상을 통해 하나님의 뜻을 알게 되었기 때문이다. 마게도냐는 아시아에서 유럽으로 들어가는 관문과 같은 곳이었다. 바울은 아시아에서 복음을 증거하려 하였지만 하나님은 바울을 통해 유럽의 복음화를 계획하셨던 것이다. 이와 같은 성령님의 역사 가운데 우리에게 잘 알려진 인물들이 있다. '현대 선교의 아버지'라고 불리는 윌리엄 캐리(W. Carrey)는 남태평양으로 가려고 하였지만 성령님은 그를 인도로 인도하셨다. 그는 인도에서 40년간 선교를 하였으며, 그의 영향력은 인도에만 국한되지 않고 그로 인해 수많은 선교회가 창설되어 오늘날 세계 선교의 기틀을 마련하였다. 그리고 미얀마 선교 하면 빼놓을 수 없는 아도니람 저드슨(A. Judson)은 인도로 가려고 하였지만 성령님은 그를 버어마(미얀마)로 인도하셨다. 그는 미얀마에서 37년간 선교를 하였으며, 그가 죽을 땐 63개의 교회가 세워졌고, 200년이 지난 지금 미얀마엔 300만 명이 넘는 기독교인이 있다고 한다. 이렇듯 성령님의 인도하심에 따라 순종하며 나아갈 때 하나님은 우리를 통해 위대하고 놀라운 생명의 역사들을 행하신다.

기차에서 내리기까지

학부를 졸업하고 일이다. 신대원에 들어갈 등록금을 마련하기 위해 순천에 있는 누님 집에 잠시 머물면서 등록금을 마련할 생각이었다. 그런데 누님 집에 가보니 머물 수 있는 환경이 아니었다. 매형은 좀 더 있으라고 하였지만 생각 끝에 동두천에 있는 형님 집으로 가기로 했다. 그렇게 기차를 타고 동두천으로 향하고 있는데, 대전역을 얼마 남겨 놓지 않고 갑자기 대전역에서 내리라는 성령님의 감동이 주어졌다. 역이 가까워지면서 머리는 복잡해지기 시작하였다. 여러 생각이 맴돌았다. 대전에 머물 곳도 없고 돈도 없는데, 어떻게 생활하라고 내리라고 하시는 걸까? 이런저런 고민을 하다 대전역을 지나치고 말았다. 그런데 성령님의 감동은 더 커져만 갔다. 숨이 막혀 호흡을 제대로 할 수 없을 정도였다. 조금 더 있으면 죽을 것 같은 두려움까지 밀려왔다. 그래서 다음 역인 평택역에서 부랴부랴 짐을 챙겨 내렸다. 내리고 나니, 숨통이 트이고 마음까지 편안해졌다. 그리고 다시 기차를 바꿔 타고 대전으로 향했다. 아무 준비 없이 대전에 도착하니 참 막막했다. 당장 오늘 저녁 머물 곳이 없어 학교 근방에 있는 찜질방으로 향했다. 그렇게 찜질방에서 두 달여 생활을 하고 있었을 때, 하나님의 놀라운 계획이 펼쳐지기 시작하였다. 머물 집을 구해 주셨고, 신학대학원 입학금뿐만 아니라 삼 년 동안 등록금을 내 주시겠다는 장로님을 만나게 하셨으며, 이뿐만 아니라 신약 석사과정도 마치게 해 주셨다. 그리고 이제 목회자로서 성령님의 인도하심에 따라 하나님의 나라를 확장해 나아가는 일꾼으로 쓰임 받길 소망하고 있다.

고래 배 속에서의 기도

구약성경에서 요나는 하나님의 말씀에 불순종한 대표적인 인물이라고 할 수 있다. 이런 그가 어떻게 자신의 생각을 내려놓고 하나님의 말씀에 순종할 수 있었을까? 요나서 1장 1-3절을 보자.

여호와의 말씀이 아밋대의 아들 요나에게 임하니라 이르시되 너는 일어 나 저 큰 성읍 니느웨로 가서 그것을 향하여 외치라 그 악독이 내 앞에 상달 되었음이니라 하시니라 그러나 요나가 여호와의 얼굴을 피하려고 일어나 다 시스로 도망하려 하여 욥바로 내려갔더니 마침 다시스로 가는 배를 만난지 라 여호와의 얼굴을 피하여 그들과 함께 다시스로 가려고 배삯을 주고 배에 올랐더라(욘 1:1-3).

하나님은 요나에게 니느웨로 가서 하나님의 심판이 있음을 경고 하라고 하셨다. 그러나 그는 하나님 말씀에 순종하지 않고 다시스로 가는 배를 타고 말았다. 이후 그는 어떠한 일들을 당하게 되었는가? 큰 폭풍을 만나 배가 파선의 위기를 맞게 되었을 뿐만 아니라 선원 들의 생명까지도 위태롭게 만들었고, 자신은 폭풍우가 몰아치는 바 다에 던져지고 말았다. 그는 왜 이런 비참함을 겪게 되었는가? 다름 아닌 그가 가지고 있었던 생각 때문이었다. 그는 니느웨 사람들이 구 원받는 것을 원치 않았다. 니느웨 사람들은 악독하기 때문에 심판받 아 마땅하다고 생각하고 있었다. 그러나 하나님은 그의 생각과 달리 니느웨를 향한 구원의 뜻을 가지고 계셨다. 하지만 요나는 하나님의 뜻과 무관하게 자신의 생각대로 행동을 하였던 것이다. 이런 고집불 통이었던 요나가 3장에서 그의 생각을 내려놓고 니느웨로 가서 하나 님의 말씀을 선포한다.

요나가 여호와의 말씀대로 일어나서 니느웨로 가니라 니느웨는 극히 큰 성읍이므로 삼일길이라 요나가 그 성에 들어가며 곧 하룻길을 행하며 외쳐 가로되 사십일이 지나면 니느웨가 무너지리라 하였더니(욘 3:3-4).

요나에게 무슨 일이 있었던 것일까?

요나가 물고기 뱃속에서 그의 하나님 여호와께 기도하여 이르되 내가 받는 고난으로 말미암아 여호와께 불러 아뢰었더니 주께서 내게 대답하셨고 내가 스올의 뱃속에서 부르짖었더니 주께서 내 음성을 들으셨나이다(욘 2:1-2).

하나님의 말씀에 불순종하여 바다에 던져진 요나를 고래가 삼키게 되었다. 구사일생으로 목숨을 건진 요나는 고래 배 속에서 하나님을 간절히 부르짖어 찾는다. 그는 어떤 생각을 하며 하나님을 부르짖어 찾았을까? '하나님, 나의 생각이 틀렸어요. 나의 교만함을 용서해 주세요. 하나님 말씀대로 니느웨로 가는 배를 탔어야 했는데 똥고집을 부렸어요. 이제는 나의 생각을 내려놓고 하나님 말씀에 순종할게요. 한 번만 살려 주세요.'라고 부르짖으며 하나님을 간절히 찾았을 것이다. 다시 말해 그는 고래 배 속에서 부르짖으며 자신의 생각을 철저히 내려놓았던 것이다.

이런 요나의 간절한 부르짖음을 들으신 하나님은 그에게 다시 말씀하신다. "여호와의 말씀이 두 번째로 요나에게 임하니라 이르시되 일어나 저 큰 성읍 니느웨로 가서 내가 네게 명한 바를 그들에게 선포하라(욘 3:1-2)." 이번에는 요나가 어떤 선택을 하였을까? 그는 자신의 생각을 내려놓고 하나님의 말씀대로 니느웨로 가서 말씀을 선포하였다. 이로 말미암아 하나님은 니느웨에 내릴 심판을 거두셨고,

니느웨 모든 사람은 구원을 받을 수 있었다.

겟세마네 동산에서의 기도

우리가 내려놓음을 이야기할 때 예수님을 빼놓을 수 없다. 마가
복음 14장 32-36절을 보자.

그들이 겟세마네라 하는 곳에 이르매 예수께서 제자들에게 이르시되 내
가 기도할 동안에 너희는 여기 앉아 있으라 하시고 베드로와 야고보와 요한
을 데리고 가실새 심히 놀라시며 슬퍼하사 말씀하시되 내 마음이 심히 고민
하여 죽게 되었으니 너희는 여기 머물러 깨어 있으라 하시고 조금 나아가사
땅에 엎드리어 될 수 있는 대로 이 때가 자기에게서 지나가기를 구하여 이르
시되 아빠 아버지여 아버지께는 모든 것이 가능하오니 이 잔을 내게서 옮기
시옵소서 그러나 나의 원대로 마시옵고 아버지의 원대로 하옵소서 하시고
(막 14:32-36).

예수님은 십자가의 길을 가시기 전 제자들과 함께 겟세마네에 올
라 기도를 하셨다. 예수님은 십자가 죽음을 앞에 두시고 많은 고민
과 갈등이 있으셨다. 인간적인 마음에서는 죽음의 고통이 지나가기
를 원하셨다. 이 잔을 내게서 옮겨 달라는 말은 그 길을 피하고 싶었
던 길임을 말해 준다. 그러나 예수님은 36절 하반절에 이렇게 기도를
하셨다. "나의 원대로 마시옵고 아버지의 원대로 하옵소서."라고 말
이다. 자신의 생각을 내려놓고 아버지의 뜻을 따르겠다고 하신 것이

다. 즉, 십자가의 죽음이 아버지의 뜻이라면 그 길이 가고 싶지 않고 피하고 싶은 길이지만 아버지의 뜻을 따르겠다고 하신 것이다. 이렇게 예수님은 기도를 통해 자신의 생각을 내려놓으시고 아버지의 뜻을 따르셨던 것이다. 이를 통해 인류 구원의 길을 열어 놓으셨다. 예수님은 공생애 시절 제자들에게 한 알의 밀알에 대해 말씀하신 적이 있으셨다.

내가 진실로 진실로 너희에게 이르노니 한 알의 밀이 땅에 떨어져 죽지 아니하면 한 알 그대로 있고 죽으면 많은 열매를 맺느니라(요 12:24).

한 알의 밀알이 땅에 떨어져 그대로 있으면 아무런 열매를 맺을 수 없지만, 그 하나의 밀알이 땅에 묻혀 죽으면 싹이 나서 많은 열매를 맺는다고 하셨다. 예수님은 한 사람의 내려놓음이 많은 생명의 열매를 맺게 하는 영적 원리를 제자들에게 가르치셨고, 예수님 자신이 그 본이 되어 십자가의 길을 걸어가셨다. 영혼 구원의 사역은 우리의 힘과 능으로 되지 않는다. 선교사 하디, 베드로와 바울, 요나 그리고 예수님까지 한 사람의 내려놓음에는 인간의 생각을 넘어서는 하나님의 놀라운 계획과 생명의 역사가 있었다. 우리가 영혼 구원의 사역을 감당하기 위해서는 무엇보다도 기도를 통해 우리의 생각을 내려놓고 성령님의 인도하심을 구해야 한다. 그러할 때 성령님은 우리를 통해 놀라운 생명의 역사를 이루어 가실 것이다.

기도는 마음의 할례이다

"너희 중 남자는 다 할례를 받으라 이것이 나와 너희와 너희 후손 사이에 지킬 내 언약이니라 너희는 포피를 베어라 이것이 나와 너희 사이의 언약의 표징이니라(창 17:10-11)."

커플링

이성과 교제할 때 사랑의 징표로 가장 먼저 하는 것이 커플링이다. 커플링을 할 때 어떤 커플은 각자의 이니셜을 새겨 넣기도 하고 어떤 커플은 좋아하는 말을 새겨 넣어 서로 하나씩 나누어 낀다. 그리고 모든 커플이 반지를 끼워 주면서 하는 약속의 말이 있다. "우리 사랑 영원히 변치 말자! 그리고 죽을 때까지 이 반지 빼지 말자!"라고 말이다. 그런데 가끔 덤벙대는 남자들이 데이트를 할 때 이 반지를 끼고 나오지 않아 곤혹을 느끼곤 한다. "자기, 반지 어딨어? 사랑이 변한 거야? 혹 다른 여자가 생긴 거야?"라고 여자 친구가 몰아붙이는 통에 남자들은 반지를 끼고 나오지 않은 날은 하루 종일 죄인으로 살아야 한다. 그럴 수밖에 없는 것이 처음 반지를 끼워 주면서 약속하지 않았던가? "우리 사랑 변치 말고 이 반지 영원히 빼지 말자."라고 말이다. 그런데 반지를 뺐으니 약속을 어긴 죄인일 수밖에 없는 것이다. 그래서 이 반지를 '절대 반지'라고 한다. 절대 빼면 안 되는 강력한 힘을 지닌 반지인 것이다. 그런데 이 '절대 반지', 즉 약속의 반지를 이스라엘 백성들도 끼고 있었다.

너희 중 남자는 다 할례를 받으라 이것이 나와 너희와 너희 후손 사이에 지킬 내 언약이니라 너희는 포피를 베어라 이것이 나와 너희 사이의 언약의 표징이니라(창 17:10-11).

하나님은 아브라함과 언약을 맺으시면서 그 언약의 표시로 그와 그의 후손들에게 할례를 하도록 하셨다. 할례는 단지 외적인 의미만이 아닌 내적인 의미도 지니고 있었다. 거기에는 하나님만을 사랑하며 살겠다는 신앙적 결단이 담겨 있었다. 그러나 세월이 지나면서 이스라엘 백성들에게 할례는 형식적인 것이 되어 버렸다. 하나님만을 사랑하며 살겠다던 이스라엘 백성들의 손가락에는 커플링이 하나둘씩 늘어나고 있었기 때문이다. 이 모습을 보고 계셨던 하나님은 이스라엘 백성들에게 이렇게 말씀하셨다.

유다인과 예루살렘 주민들아 너희는 스스로 할례를 행하며 너희 마음가 죽을 베고 나 여호와께 속하라 그리하지 아니하면 너희 악행으로 말미암아 나의 분노가 불 같이 일어나 사르리니 그것을 끌 자가 없으리라(렘 4:4).

하나님은 이방인들과 구별 없이 살아가는 이스라엘 백성들에게 마음의 할례를 요구하셨다. 그것도 스스로 할례를 하고 여호와께 속하라고 말이다. 즉, 커플링을 두세 개씩 끼고 있는 이스라엘 백성들에게 스스로 커플링들을 정리하라고 말씀하신 것이다.

이는 이스라엘 백성들에게만 국한된 말씀이 아니다. 오늘을 살고 있는 우리에게도 동일하게 하시는 말씀이다.

질투하시는 하나님

오늘날 크리스천 가운데 하나님만을 사랑한다고 하면서 이스라엘 백성들처럼 두세 개씩 커플링 끼고 살아가는 사람이 얼마나 많은가? 아니 그보다 더 많은 커플링을 끼고 살아가는 사람들도 있을 것이다. 이런 크리스천들을 보면서 하나님은 어떤 마음이실까? 이스라엘 백성들에게는 악한 행동이며 하나님의 분노를 일으키는 일이라고 하셨다. 우리를 바라보는 시선도 동일하실 것이다. 악한 행동이며 하나님의 분노를 일으키는 일인 것이다. 이스라엘 백성들에게 하나님이 마음의 할례를 요구하셨듯이 오늘날 우리에게도 동일하게 마음의 할례를 요구하고 계신다. 그럼 우리는 어떻게 마음의 할례를 할 수 있는가? 그것은 말씀과 기도이다. 말씀은 조명(Light)이 되고 기도는 수술 도구(Surgical instrument)가 되는 것이다. 사무엘상 7장

3-6절을 보자.

사무엘이 이스라엘 온 족속에게 말하여 이르되 만일 너희가 전심으로 여호와께 돌아오려거든 이방 신들과 아스다롯을 너희 중에서 제거하고 너희 마음을 여호와께로 향하여 그만을 섬기라 그리하면 너희를 블레셋 사람의 손에서 건져내시리라 이에 이스라엘 자손이 바알들과 아스다롯을 제거하고 여호와만 섬기니라 사무엘이 이르되 온 이스라엘은 미스바로 모이라 내가 너희를 위하여 여호와께 기도하리라 하매 그들이 미스바에 모여 물을 길어 여호와 앞에 붓고 그 날 종일 금식하고 거기에서 이르되 우리가 여호와께 범죄하였나이다 하니라 사무엘이 미스바에서 이스라엘 자손을 다스리니라(삼상 7:3-6).

사무엘 선지자는 하나님 외에 다른 신들을 섬기고 있는 이스라엘 백성들을 미스바에 모이게 한 후, 그곳에서 영적 각성 집회를 개최하면서 그들로 하여금 하나님과의 언약을 새롭게 갱신하게 하였다. 이스라엘 백성들은 하나님을 섬겼지만 '하나님만'을 섬기지 않았다. 여러 신을 섬기면서 하나님도 섬겼다. 이런 신앙생활을 하고 있는 이스라엘 백성들을 향해 사무엘은 그들의 죄를 명확하게 밝히며 그것들을 제거하고 하나님만을 섬기라고 하였다. 그 말을 들은 이스라엘 백성들은 우상을 제거한 후, 하나님 앞에 물을 붓고 종일 금식을 하며 죄를 철저히 회개하였다. 여기서 물을 부었다는 것은 마음을 쏟았다는 것을 의미한다. 예레미야애가 2장 19절에 이런 말씀이 있다.

네 마음을 주의 얼굴 앞에 물 쏟듯 할지어다(렘 2:19).

이는 철저히 회개할 것을 촉구하는 말씀이다. '주님, 내가 우상을 섬겼습니다. 주님만이 아닌 다른 것들을 더 사랑했습니다. 주님, 용서해 주세요.'라고 말이다. 또한 에스라 10장을 보자.

유다와 베냐민 모든 사람들이 삼 일 내에 예루살렘에 모이니 때는 아홉째 달 이십일이라 무리가 하나님의 성전 앞 광장에 앉아서 이 일과 큰 비 때문에 떨고 있더니 제사장 에스라가 일어나 그들에게 이르되 너희가 범죄하여 이방 여자를 아내로 삼아 이스라엘의 죄를 더하게 하였으니 이제 너희 조상들의 하나님 앞에서 죄를 자복하고 그의 뜻대로 행하여 그 지방 사람들과 이방 여인을 끊어 버리라 하니 모든 회중이 큰 소리로 대답하여 이르되 당신의 말씀대로 우리가 마땅히 행할 것이니이다(스 10:9-12).

에스라는 바벨론 포로 생활에서 귀환한 이스라엘 백성들이 이방인들과 통혼을 하고 우상을 섬긴다는 이야기를 듣고, 그들을 예루살렘 광장에 모이게 한 후 그곳에서 영적 각성 집회를 열었다. 에스라는 그곳에서 이스라엘 백성들의 죄를 밝히 지적하고 그것들을 끊어 버리라고 하였다. 그 말을 들은 이스라엘 백성들은 죄를 자복하며 이방 여자들을 다 내보낸 후 그들이 따랐던 악한 행위들을 끊고 잘라 내었다. 그리고 느헤미야 8-9장을 보자.

에스라는 첫날부터 끝날까지 날마다 하나님의 율법책을 낭독하고 무리가 이레 동안 절기를 지키고 여덟째 날에 규례를 따라 성회를 열었느니라 …
그 달 스무나흘 날에 이스라엘 자손이 다 모여 금식하며 굵은 베 옷을 입고
티끌을 무릅쓰며 모든 이방 사람들과 절교하고 서서 자기의 죄와 조상들의
허물을 자복하고(느 8:18, 9:1-2).

이스라엘 백성들은 예루살렘 성벽을 재건한 후, 수문 앞 광장에
서 영적 부흥 집회를 가졌다. 에스라가 말씀을 선포하였고, 그 말씀
을 들을 때 영적 갱신이 일어나 죄를 자복하고 회개하는 역사가 일
어났다. 세 사건이 보여 주듯이 말씀은 조명이 되어 죄를 드러나게
하고 기도는 그 드러난 죄를 도려내는 수술 도구의 역할을 한다. 즉,
말씀과 기도로 마음의 할례가 이루어지는 것을 볼 수 있다. 오늘날
우리는 마음의 할례를 어떻게 하고 있는가? 말씀을 통해 죄는 드러
나지만 기도를 통해 그 죄를 도려내지 않고 있다. 커플링은 점점 늘
어나고 어떤 커플링은 너무 오래 끼고 있어서 손가락 살을 파고 들어
간 것도 있다. 이스라엘 백성들처럼 하나님을 섬기지만 '하나님만'을
섬기지 않고 있는 것이다. 이대로 끼고 살 것인가? 우리가 간과하지
말아야 하는 것은 하나님은 질투의 하나님이시라는 것이다.

네 하나님 여호와는 질투하는 하나님인즉(출 20:5).

하나님이 언제까지 그 많은 커플링 중 하나로 존재하시길 원하실
까?

한 사람이 두 주인을 섬기지 못할 것이니 혹 이를 미워하고 저를 사랑하거나 혹 이를 중히 여기고 저를 경히 여김이라 너희가 하나님과 재물을 겸하여 섬기지 못하느니라(마 6:24).

만약 우리가 이성 교제를 하면서 커플링을 두세 개씩 끼고 데이트 장소로 나갔다고 생각해 보자. 상대방이 어떻게 생각할까? "너, 미쳤구나!', '너, 제정신이 아니구나!"라고 말을 하며 뺨을 때리고도 남을 것이다. 그런데 그 일들을 우리가 하고 있다는 것이다. 하나님만을 사랑한다고 하면서 하나님 앞에 나아갈 때 그 커플링들을 끼고 나아가고 있다. 예배의 자리에, 찬양의 자리에, 기도의 자리에 말이다. 야고보서 4장 8절에 이런 말씀이 있다.

하나님을 가까이하라 그리하면 너희를 가까이하시리라 죄인들아 손을 깨끗이 하라 두 마음을 품은 자들아 마음을 성결하게 하라(약 4:8).

우리에게 무엇을 말하고 있는 것인가? 우리가 하나님 앞으로 나아가지만 두 마음을 품은 사람은 하나님께 가까이 갈 수 없다는 것이다. 즉, 두 마음을 품은 사람은 진정한 예배자가 될 수 없다는 것이다.

한 마음을 가진 사람, 오직 하나님을 향한 하나의 커플링만 낀 사람만이 하나님 앞에 가까이 갈 수 있다. 바꾸어서 말하면 우리가 수없이 많은 예배, 찬양, 기도를 드리지만 한 마음, 하나의 커플링을 끼지 않고 드리는 예배는 받지 않으신다는 것이다. 언제까지 두 마음을 가지고 커플링들을 낀 채로 하나님께 나아갈 것인가? 언제까지 하나님이 그 모습들을 보고 계셔야만 하는가? 하나님만을 사랑한다면 그 커플링들을 정리하고 예배의 자리로 나아가야 할 것이다. 마음이 하나님을 향하지 않는데 그 예배, 찬양, 기도를 받으시겠는가?

겪어야만 하는 고통

이런 의미에서 우리가 생각할 것은, 오랜 시간 끼고 있었던 커플링을 빼내는데 술술 빠지겠냐는 것이다. 살이 반지를 집어삼켜 빠지지 않는 것이 다수일 것이다. 어떻게 해야 하는가? 결국 고통을 감수하고 빼내든지 잘라 내야 한다. 어느 날 뉴스를 보는데 한 청년이 119안전센터를 찾아가 손가락에 꽉 끼인 반지를 절단하는 장면을 보게 되었다. 그 청년은 반지를 빼기 위해 온갖 방법을 동원했지만 실패하자 결국 소방서를 찾아 도움을 요청한 것이다. 소방대원들도 처음에는 기름을 발라 빼내려고 하였지만 반지가 빠지지 않자 결국 절단기를 사용하였다. 절단기를 사용하는 소방관은 긴장을 하며 작업을 하였다. 자칫 잘못하면 손가락이 절단될 수 있었기 때문이다. 그렇게 몇 분 동안 절단 작업이 진행되었고 얼마 지나지 않아 청년을 고통스럽게 하던 반지가 절단되어 빠지는 순간 청년은 활짝 웃음을 지었다. 또 팔순이 넘으신 할머니가 소방서를 찾아 손가락에 끼인 반지를 절단하는 장면을 보게 되었다. 그동안 정신없이 살다 보니 반지가 살을 집어삼켜 고통을 유발하는지 몰랐다고 하시며 반지를 절단하는 모습에 마음이 아팠다.

남자가 육체의 할례를 하는 이유는 몸의 청결을 위해서이다. 몸의 청결을 위해 자신의 살을 도려내는 것이다. 당연히 살을 도려내기 때문에 고통이 따를 수밖에 없다. 그렇다면 마음의 할례는 영혼의 청결을 위해 마음의 표피, 죄를 제거하는 것이다. 마음의 할례이기 때문에 고통이 없을까?

그런즉 이스라엘 온 집은 확실히 알지니 너희가 십자가에 못 박은 이 예수를 하나님이 주와 그리스도가 되게 하셨느니라 하니라 그들이 이 말을 듣고 마음에 찔려 베드로와 다른 사도들에게 물어 이르되 형제들아 우리가 어찌할꼬 하거늘(행 2:36-37).

여기서 사용된 동사 '찔려'는 원어로 '카타누게산'으로 '찔리다', '찔려 관통하다'라는 뜻이다. 이는 무엇을 말하는가? 베드로의 설교를 들은 사람들이 양심의 찔림과 죄책감을 느껴 마치 창에 찔린 듯 고통을 겪었다는 것을 의미한다. 예수 그리스도를 배척하고 십자가에 못 박아 죽인 그들에게 예수 그리스도로 인한 마음의 할례가 주어진 것이다. '내가, 예수를 죽였구나. 우리가 예수를 죽였구나. 이 죄를 어떻게 하지!' 견딜 수 없는 죄책감으로 인해 그들은 고통을 겪었던 것이다. 우리는 어떠하겠는가? 우리에게 예수 그리스도의 할례가 주어진다면, 특히 '내가!' 예수 그리스도를 죽인 장본인이라는 것을 직면하게 된다면 말이다. 예루살렘 광장에 모인 사람들처럼 마음의 찔림이 있지 않겠는가? 다윗은 사울의 옷자락만 베고도 마음이 찔려 괴로워하였다.

다윗의 사람들이 이르되 보소서 여호와께서 당신에게 이르시기를 내가 원수를 네 손에 넘기리니 네 생각에 좋은 대로 그에게 행하라 하시더니 이 것이 그 날이니이다 하니 다윗이 일어나서 사울의 겉옷 자락을 가만히 베니라 그리 한 후에 사울의 옷자락 벰으로 말미암아 다윗의 마음이 찔려(삼상 24:4-5).

그러나 우리는 죄로 인해 예수님의 옷자락만 자른 것이 아닌 가시관을 씌우고 손과 발에 못을 박게 한 장본인들이 아닌가?

십자가 앞으로 나아가라

오늘날 크리스천들은 마음의 할례, 즉 죄를 회개하면서도 아무런 고통을 느끼지 않고 있다. 살이 반지를 집어삼켜 빠지지 않는 커플링이 하나둘이 아닌데 말이다. 세상과 타협하며 예수님을 부인하며 살았던 때가 얼마나 많았으며 지금도 상황과 환경에 따라 예수님을 부인하며 살고 있지 않은가? 이럼에도 마음의 할례, 즉 회개를 하면서 아무런 양심의 찔림을 느끼지 않는다면 누구로 말미암아 죄 용서를 받고 있는가? 혹 셀프(Self) 죄 용서를 하고 만족하며 살고 있지 않은가? 커플링은 점점 늘어 가고 하나님에 대한 사랑은 식은 지 오래이지 않은가? 조나단 에드워드는 이렇게 설교를 했다.

"하나님은 처음부터 영생을 약속하시지 않았습니다. 다만 은혜 언약을 주셨을 따름입니다. 그 언약은 그리스도 안에서 주어진 약속이며 그리스도 안에서는 모든 약속이 아멘이 됩니다. 그러나 언약의 자녀가 아닌 자들은 언약 속에 담긴 약속에 관심이 없고, 그것을 믿지도 않으며 언약의 중보자에게 관심도 없습니다. … 그러므로 자연인은 지옥의 구덩이 위에 들려져 있습니다. 그들은 불구덩이에 던져져야 마땅합니다. 그들은 이미 지옥형을 선고받았습니다. 하나님의 분노는 이미 격발되었습니다. 하나님은 지금 지옥에 있는 자들에게 대한 것만큼이나 그들에게 진노하고 계십니다. 그들은 하나님의 진노를 풀어 드리기 위해서 아무 일도 하지 않았습니다. 하나님이 그들을 단 한 순간이라도 붙잡고 있으셔야 할 의무가 전혀 없으십니다."

하나님이 아직 우리를 붙잡고 있는 것은 그의 말처럼 십자가 은혜 때문이다. 이럼에도 오늘날 크리스천들은 죄를 해결하기 위해 십자가 앞에 나아가 회개하지 않는다. 그렇다면 하나님이 우리를 붙잡고 있으셔야 할 의무가 없다. 죄에 쌓여 있고 수많은 커플링 중 하나로 취급을 받으며 수치와 모멸감을 받고 있는 하나님이 무슨 이유로 우리를 구원해 주실 것을 기대하는가? 하나님의 분노는 이미 격발되었고, 피할 수 없다. 우리가 구원받을 수 있는 길은 단 하나뿐이다. 십자가 앞으로 나아가는 것이다.

고개 숙인 십자가

오늘날 크리스천들은 그리스도인이라는 이름표는 가지고 있지만 하나님의 거룩한 백성으로 살아가지 못하고 있다. 학부 시절 지방에 갈 일이 있어서 렌터카를 빌리러 간 적이 있었다. 주차장에서 계약서를 쓰고 있는데 한 여자분이 건물 안에서 나오더니 다짜고짜 차를 빼라고 하며 고래고래 소리를 지르는 것이었다. 의도치 않게 그 여자분의 차를 가로막고 계약서를 쓰고 있었지만 그렇다고 그렇게 소리를 지르며 차 빼라고 할 필요는 없었다. 조용히 차를 빼 달라고 하면 될 것을, 그렇게 핏대를 세우면서 할 필요는 없었다. 그런데 더 기분이 상한 것은 그 말을 듣고 차를 빼려고 운전석에 앉는데 "빨리 빼, 빨리 빼란 말이야!"라고 고함을 치는 것이었다. 참 별 이상한 사람도 다 있다고 생각하며 차를 이동 주차했다. 그리고 그 여자분이 차를 빼서 나가는 모습을 보는데 마음이 너무 아팠다. 왜냐하면 그 차 룸 미러에 십자가가 흔들거리고 있었기 때문이다. 그 십자가를 보는데 내 얼굴이 화끈거렸다. 크리스천이었던 것이다. 세상 사람들에게 빛과 소금의 역할을 해야 하는 크리스천이 그렇게 거친 말과 행동을 하였던 것이었다. 그 차가 내 앞을 지나가는데 룸 미러에 달려 있는 십자가가 흔들거리며 이렇게 말하는 것 같았다. "미안합니다, 죄송합니다."라고 말이다. 룸 미러에 걸려 있는 십자가가 무슨 죄가 있겠는가? 하나님의 백성들이 바르게 살지 않으니 십자가가 굴욕을 당하는 것 아니겠는가. 우리가 알아야 하는 것은 십자가는 관상용도 액세서리도 아니다. 죄 가운데 있는 우리가 구원받아 변화되어 거룩한 백성으로 살게 하는 능력의 십자가이다. 하지만 우리가 구별된 삶을 살지 못하는 이유는 아직 내가 십자가에 못 박히지 않았기 때문일 것이다.

CHAPTER 4.

어린아이가 부르짖다

"아기가 우는지라(출 2:6)."

전능한 엄마

아기에게 있어 엄마의 젖은 생명과도 같다. 아기는 배고픔을 모른다. 배고픔을 알 수 있는 자아가 형성되지 않았기 때문이다. 그래서 아기는 잘 나오는 젖가슴을 좋은 젖가슴, 잘 나오지 않는 젖가슴은 나쁜 젖가슴으로 인식한다. 아기에게 있어 좋은 엄마는 언제나 부족함 없이 젖을 공급해 주는 엄마이다. 그런 젖을 먹고 자란 아기는 풍족함을 느끼기 때문에 건강한 자아가 형성되고, 그 반대로 젖을 잘 먹지 못하고 자란 아기는 영양부족으로 인해 성장 장애뿐만 아니라 자아까지 영향을 받게 된다. 이는 우리의 신앙생활에서도 마찬가지이다.

갓난 아기들 같이 순전하고 신령한 젖을 사모하라 이는 그로 말미암아 너희로 구원에 이르도록 자라게 하려 함이라(벧전 2:2).

여기에서 '신령한 젖'은 '말씀'을 의미한다. 갓난아기가 엄마의 젖을 통해 영양분을 공급받는 것처럼 우리도 말씀을 통해 영혼의 영양분을 공급받는다. 또한 '사모하라'는 헬라어로 '에피포데사테'라는 단어인데, '구하다, 원하다'라는 뜻으로, 아기가 엄마의 젖을 간절히 원하듯이 우리도 신령한 젖인 말씀을 적극적으로 바라고 원해야 한다는 것이다. 이를 통해 우리는 영적 성장과 함께 성숙한 크리스천으로 살아갈 수 있는 것이다. 아기가 엄마의 젖을 사모하는 것은 젖을 먹지 못하면 생명에 위협을 느끼기 때문이다. 그러니 아기는 자신의 필요에 따라 젖을 풍족하게 주는 엄마를 신뢰하게 되고, 그 신뢰가 쌓여서 엄마라는 대상을 믿게 된다. 그리고 아기에게 있어 엄마는 모든 필요를 공급해 주는 전능한 엄마가 되어 준다.

울어야 응답된다

아기에게 전능한 엄마가 있어 모든 필요를 채워 주는 것처럼, 우리에게도 전능하신 하나님이 계셔서 우리의 모든 필요를 채워 주신다. 그러나 우리가 해야 할 것이 있다. 그것은 바로 하나님을 찾아야 한다는 것이다. 아기가 엄마의 젖을 먹기 위해 간절히 찾듯이 말이다. 하나님은 우리의 모든 필요를 아시고 가장 좋은 것을 주시기를 원하신다. 그러나 우리가 구하지 않으면 얻을 수 없다(마 7:7-11).

아기는 자신의 필요를 채워 줄 대상, 엄마가 보이지 않으면 간절하고 끈질기게 운다. 자신이 할 수 있는 유일한 방법인 '울음'으로 엄마를 찾는 것이다. 아기의 울음소리를 들으면 정말 간절하고 절박하게 느껴진다. 어떻게든 그 절실함을 해결해 주고 싶은 마음이 든다. 출애굽기 2장 1절에서 10절을 보자.

레위 가족 중 한 사람이 가서 레위 여자에게 장가 들어 그 여자가 임신하여 아들을 낳으니 그가 잘 생긴 것을 보고 석 달 동안 그를 숨겼으나 더 숨길 수 없게 되매 그를 위하여 갈대 상자를 가져다가 역청과 나무 진을 칠하고 아기를 거기 담아 나일 강 가 갈대 사이에 두고 그의 누이가 어떻게 되는지를 알려고 멀리 섰더니 바로의 딸이 목욕하러 나일 강으로 내려오고 시녀들은 나일 강 가를 거닐 때에 그가 갈대 사이의 상자를 보고 시녀를 보내어 가져다가 열고 그 아기를 보니 아기가 우는지라 그가 그를 불쌍히 여겨 이르되 이는 히브리 사람의 아기로다 그의 누이가 바로의 딸에게 이르되 내가 가서 당신을 위하여 히브리 여인 중에서 유모를 불러다가 이 아기에게 젖을 먹이게 하리이까 바로의 딸이 그에게 이르되 가라 하매 그 소녀가 가서 그 아기의 어머니를 불러오니 바로의 딸이 그에게 이르되 이 아기를 데려다가 나를 위하여 젖을 먹이라 내가 그 삯을 주리라 여인이 아기를 데려다가 젖을 먹이더니 그 아기가 자라매 바로의 딸에게로 데려가니 그가 그의 아들이 되니라 그가 그의 이름을 모세라 하여 이르되 이는 내가 그를 물에서 건져내었음이라 하였더라(출 2:1-10).

여기에 나오는 아기 모세는 시대적 희생양이 되어 죽음의 위기를 맞게 되었다. 언제 갈대 상자가 뒤집힐지 모르는 상황에서 바로의 딸이 수풀 사이에 있던 갈대 상자를 발견하게 되고, 그 상자를 열어 보니 갓난아기 모세가 울고 있었다. 모세는 히브리 아기였기에 그냥 강물에 버려도 되었지만 공주는 그렇게 하지 않았다. 왜 그랬을까? 왜 공주는 모세를 버리지 않았을까? 그 이유는 모세가 간절히 울부짖고 있었기 때문이다. 만약 모세가 울지 않았다면 어떻게 되었을까? 그래도 공주는 모세를 구해 주었을까? 분명한 것은 모세의 우는 모습을 보고 그녀는 그를 불쌍히 여겼다는 것이다. "아기가 우는지라 그가 그를 불쌍히 여겨(6절).", 즉 모세를 구해 줄 마음이 들었다는 것이다.

아기 모세는 어떻게 울었을까? 따뜻한 엄마 품이 아닌 어둡고 차디찬 갈대 상자 속에서 더욱이 엄마의 젖 냄새가 아닌 처음 맡아 보는 이상하고 기분 나쁜 냄새를 맡으며 공포와 두려움을 느꼈을 아기 모세는 엄마를 간절하고 애절하게 찾았을 것이다. 그 울부짖는 모습을 본 공주는 마음이 움직일 수밖에 없었을 것이다. 즉, 모세를 구해 줄 수밖에 없었던 것이다. 모세의 절실하고 절박한 마음이 공주의 마음을 감동시킨 것이다.

그렇다면 오늘날 우리의 기도는 어떠한가? 하나님의 마음을 감동시키는 기도를 하고 있는가? 간절함이 있는가? 절실함이 있는가? 절박함이 있는가? 우리의 기도에 하나님이 감동을 하고 계신가? 오늘날 우리의 기도는 너무 형식적인 기도가 되어 버렸다. 하나님은 마음의 중심을 보시는 분이시다(잠 16:2). 우리의 화려한 미사여구를 사용하여 드려지는 기도를 들으시는 것이 아니라 우리 마음에서 진실하게 드려지는 기도를 받으신다.

이것이 바로 부르짖는 기도이다.

"주여~~!" 이 간절한 부르짖음이 아이의 울음소리와 같다. 마음에서 간절하고 절실하게 하나님을 찾는 부르짖는 기도, 이 울음소리에 하나님이 응답하시는 것이다. 찰스 스펄전(C. H. Spurgeon)은 이렇게 말했다. "부르짖는 기도는 인위가 아니라 본능의 기도이다. 부르짖는 기도는 입술의 기도가 아니요, 영혼의 기도이다. 쏟아지는 눈물과 쓰라린 통곡, 그리고 깊은 한숨, 이 모든 것을 수반하는 부르짖는 기도는 지극히 높으신 분의 귀에 들리는 기도이다."라고 말이다.

또한 E. M. 바운즈는 다음과 같이 말을 하였다.

"기도는 단순하며 어린아이를 닮은 요소들이 있는데, 이것 때문에라도 진정한 기도는 아주 힘들다. 지성은 마음을 방해한다. 오직 어린아이 같은 심령만이 기도의 영이며, 어른을 다시 어린아이처럼 되게 하기란 쉬운 일이 아니다. 어른들은 노래나 시나 추억 속에서는 그저 다시 어린아이가 되길 바라기만 해도 될지 모른다. 그러나 기도에서는 실제로 다시 어린아이가 되어야 한다. 어머니의 무릎에 앉은 어린아이가 되어야 한다. 천진하고, 즐거우며, 집요하고, 직접적이며, 신뢰해야 한다. 조금도 의심하지 않으며, 그 어떤 기분도 숨기지 말아야 한다. 불타는 갈망, 울음으로밖에 표현하지 못하는 갈망이 있어야 한다."

그렇다. 바운즈가 말한 것처럼 어린아이와 같은 기도는 쉬운 기도가 아니다. 거기에는 하나님에 대한 전적인 믿음과 하나님을 향한 불타는 갈망이 있고, 하나님의 도움이 절실하고 절박한 사람만이 할 수 있는 기도이다. 가끔 주위에서 이렇게 말을 하는 사람들이 있다. "하나님을 왜 그렇게 힘들게 찾느냐! 하나님이 귀가 먹었냐? 고상하고 품위 있게 기도를 해야지, 조용히 기도를 해도 하나님은 다 들으신다."라고 말이다. 틀린 말은 아니다. 하나님은 우리의 작은 신음에도 응답하시는 분이시다. 그러나 우리가 갈대 상자에 갇힌 모세와 같이 앞이 캄캄하고 막막한 삶의 위기에 처해 있다면 어떠할까? 사업의 위기, 가정의 위기, 자녀의 위기, 건강의 위기 가운데 있다면 누구나 똑같은 생각을 할 것이다. 누군가가 자신을 도와주길 말이다. 모세도 그랬다. 엄마가 자신을 도와주길 말이다. 사방으로 막힌 갈대 상자에 갇혀 생명의 위기에 있었던 그는 조용히 울지 않았다. 엄마의 도움을 받기 위해 절실하고 절박하게 울부짖었다. 그 절실하고 절박한 울부짖음에 공주가 마음이 감동되어 그를 구원해 주었던 것이다. 우리도 갈대 상자 안에 갇힌 모세와 같이 위기에 직면할 때가 있다. 아니 매일 매 순간 위기인 사람들도 있다. 사방으로 막혀 앞이 캄캄하고 막막할 때 우리는 어떻게 해야 하는가? 이러한 상황에 처한 예레미야에게 하나님은 이렇게 말씀하셨다.

너는 내게 부르짖으라 내가 네게 응답하겠고(렘 33:3).

예레미야는 어떤 상황에 있었는가? 사방으로 막힌 감옥에 수감이 되어 앞이 캄캄하고 막막한 가운데 있었다. 이런 그에게 무슨 소망이 있었겠는가? 그러나 하나님은 그가 부르짖어 기도할 때 응답해 주시겠다고 하신 것이다. 예레미야에게 이보다 더 소망이 넘치는 일은 없었을 것이다. 부르짖어 기도할 때 하나님이 응답해 주시겠다고 하셨으니 말이다. 그렇다면 우리가 삶의 위기에 직면했을 때 어떻게 해야 하는가? 부르짖어 기도를 해야 하는 것이다. 부르짖어 기도할 때 하나님의 놀라운 구원의 은혜가 임하는 것이다.

불편함을 호소하라

아기는 체면과 품위를 생각하며 울지 않는다. 오로지 자신의 필요를 채워 줄 대상인 엄마의 도움을 받기 위해 목숨 걸고 운다. 아기는 언어를 만들어서 울지 않는다. 다만 울 뿐이다. 그런데 엄마는 그 울음소리만을 듣고도 아기의 부족함을 알고 채워 주며 아기에게 평안함을 안겨 준다. 참 신기한 일이 아닐 수 없다. 어떻게 그럴 수 있을까? 아무도 알아듣지 못하는데 엄마는 어떻게 알아듣는 것일까? 엄마니까? 그럴 수 있다. 그러나 그 울음소리는 머리가 아닌 마음으로 울기에 엄마는 알아듣는 것이다. '엄마, 나 배고파요!', '엄마, 나 불편해요!', '엄마, 나 아파요!'라고 마음에서 간절하고 절실하게 말이다. 이 울음소리를 엄마는 머리가 아닌 마음으로 알아듣기에 아기의 필요를 채워 주는 것이다.

어느 날 케냐 선교사인 임은미 선교사님의 간증을 들은 적이 있다. 선교사님이 활동하시는 곳이 리므루(Limuru), 티 밭(Tea field)인데, 선교사님이 걸어가면 아래에서 아이들이 올려다보며 "유니스~ 유니스~"라고 목이 터져라 부른다고 한다. 얼마나 선교사님의 이름을 부르는지 선교사님한테 달라고 하는 것이 없는데 선교사님은 아이들이 "유니스~"라고 할 때 이런 생각이 든다는 것이다. '어? 저것들 신발이 없는데 신발을 사 주어야지. 또 아이들이 유니스~ 하고 부르면 저 녀석들 밥을 한 끼 먹는 데 빵을 사 주어야지. 또 유니스~ 하고 부르면 쟤네들 학교가 없는데, 돈이 있으면 학교를 지어 주었으면 좋겠다.'라는 선한 생각들이 마음속에 계속 든다는 것이다.

선교사님은 계속해서 이렇게 말했다. "아이들 누구도 '유니스~' 신발 없어요. 신발 사 주세요. 이렇게 말을 하지 않았다. 그러나 내 이름을 부르는 순간 어 쟤네들 뭔가 필요한데, 이게 무슨 말이냐면 우리가 '주여~~'라고 부르짖으면, 하나님이 우리의 마음을 왜 모르겠는가? 우리의 필요를 다 아신다. 우리를 사랑하시기에 다 주고 싶어 하신다. 그런데 부르짖어야 말이지. 부르짖지 않으면 하나님의 마음이 감동이 안 된다."

선교사님의 간증에 깊은 공감을 했다. 하나님은 우리에게 어떤 존재이신가? 우리의 모든 필요를 아시는 분이시다. 그러나 선교사님이 말씀하신 것처럼 우리가 하나님을 부르짖어 찾지 않으면 그 필요를 채움 받을 수 없다. 옥시토신(Oxytocin)이라는 신경전달물질이 있다. 이것은 산모가 아기를 출산할 때 나오는 호르몬으로 '어머니의 호르몬', '모성애 호르몬'이라고도 불린다. 옥시토신은 엄마가 아기의 상태에 즉시 반응하도록 신경을 민감하게 만들어 주는 역할을 한다. 그래서 엄마들은 피곤해도 아기의 작은 신호에 즉시 반응할 수 있게 된다. 그러나 아기가 배고파도, 똥을 싸 찝찝해도, 몸이 아파 불편해도 가만히 있으면 엄마는 반응하지 않는다. 울음으로 자신의 불편함을 알려야 엄마가 그 소리를 듣고 불편함을 해결해 줄 수 있다. 울지 않으면 불편함을 유지한 채 엄마가 해결해 줄 때까지 기다려야 한다. 이것이 오늘날 크리스천들의 모습이라고 생각한다. 불편함이 있어도 하나님을 찾지 않는다. 옥시토신은 6개월이면 급속히 사라진다고 한다. 하나님이 출산한 엄마들의 몸에 옥시토신이 만들어지게 하여 아기를 돌볼 수 있는 힘을 주셨기 때문이다. 이렇게 세밀하신 하나님이 우리가 불편함을 호소할 때 어떻게 하시겠는가?

이에 그들이 근심 중에 여호와께 부르짖으매 그들의 고통에서 건지시고 (시 107:6).

이에 그들이 그 환난 중에 여호와께 부르짖으매 그들의 고통에서 구원하시되(시 107:13).

이에 그들이 그들의 고통 때문에 여호와께 부르짖으매 그가 그들의 고통에서 그들을 구원하시되(시 107:19).

이 시편 말씀들 앞부분에 흥미로운 단어 '이에'라는 접속사가 공통적으로 들어가 있는 것을 볼 수 있다. '이에'라는 접속사는 우리가 어느 때 부르짖어 기도를 해야 하는지 말해 주고 있다. 어느 때인가? '근심 중에', '환난 중에', '고통 중에'이다. 즉, 우리 삶이 불편할 때이다. 그리고 말씀 후반절에 공통적으로 무엇이라고 말하고 있는가? "고통에서 건지시고", "고통에서 구원하시되", "고통에서 그들을 구원하시되"라고 하며 부르짖어 기도할 때 구원의 은혜가 임하는 것을 말하고 있다. 누가복음 18장 38절에서 42절을 보자.

맹인이 외쳐 이르되 다윗의 자손 예수여 나를 불쌍히 여기소서 하거늘 앞서 가는 자들이 그를 꾸짖어 잠잠하라 하되 그가 더욱 크게 소리 질러 다윗의 자손이여 나를 불쌍히 여기소서 하는지라 예수께서 머물러 서서 명하여 데려오라 하셨더니 그가 가까이 오매 물어 이르시되 네게 무엇을 하여 주기를 원하느냐 이르되 주여 보기를 원하나이다 예수께서 그에게 이르시되 보라 네 믿음이 너를 구원하였느니라(눅 18:38-42).

여기에 나오는 바디매오는 거지이며 앞을 보지 못하는 맹인이었다. 이런 그가 예수님이 여리고를 지나가신다는 말을 듣고 예수님을 간절히 부르짖어 찾았다. 주위에 있는 사람들이 그를 꾸짖으며 조용히 하라고 하였지만 그는 더욱 크고 간절히 주님을 향해 외쳤다. 왜 그렇게 하였는가? 자신의 불편함을 해결하기 위해서이다. 만약 바디매오가 잠잠히 있었다면 그는 불편함을 해결하지 못했을 것이다. 그러나 그가 주님을 간절히 부르짖어 찾아 불편함을 호소하였기 때문에 눈을 뜰 수 있었다. 즉, 불편함을 해결할 수 있었던 것이다. 주님은 우리의 모든 것들을 아신다. 우리의 불편함까지도 말이다. 그러나 우리가 주님 앞에 나아가 그 불편함을 호소하지 않으면 해결할 수 없다.

행위가 아닌 믿음의 기도를 하라

아기는 불편할 때 울음으로 엄마를 찾는다. 그런데 아기의 울음에는 진짜와 가짜가 있다. 이를 구별하는 방법은 눈물에 있다. 가짜울음은 아기가 우는 소리는 내지만 눈물은 나지 않는다. 그럼 아기는 왜 가짜로 우는 것일까? 그것은 엄마의 관심을 끌어 자신이 원하는 것을 얻어 내기 위해서이다.

이는 오늘날 크리스천들의 기도를 보는 것 같다. 하나님의 관심을 끌어 자신이 원하는 것을 얻어 내기 위해 기도를 하는 사람들이 얼마나 많은가? 어떻게 기도를 하고 있는가? '하나님, 저 새벽 작정 기도 들어갑니다. 응답해 주세요.', '하나님, 저 금식 기도 들어갑니다. 응답해 주세요.'라고 말이다. 우리가 알아야 하는 것은 기도는 무엇을 얻어 내기 위한 수단적 행위가 아니라는 것이다. 기도에서 가장 중요한 것은 태도이다. 기도는 하나님에 대한 겸손적 표현이며 그분의 주권을 인정하며 믿음의 태도를 드리는 것이다. 누가복음 18장 10절에서 13절을 보자.

두 사람이 기도하러 성전에 올라가니 하나는 바리새인이요 하나는 세리라 바리새인은 서서 따로 기도하여 이르되 하나님이여 나는 다른 사람들 곧 토색, 불의, 간음을 하는 자들과 같지 아니하고 이 세리와도 같지 아니함을 감사하나이다 나는 이레에 두 번씩 금식하고 또 소득의 십일조를 드리나이다 하고 세리는 멀리 서서 감히 눈을 들어 하늘을 쳐다보지도 못하고 다만 가슴을 치며 이르되 하나님이여 불쌍히 여기소서 나는 죄인이로소이다 하였느니라(눅 18:10-13).

바리새인과 세리 두 사람은 성전에 올라 기도를 하였다. 그런데 이들의 기도를 보면 완전히 상반되는 것을 볼 수 있다. 바리새인은 어떻게 기도를 하였는가? "바리새인은 서서 따로 기도하여(11절)." 따로 서서 기도를 하였다는 것은 무엇을 의미하는가? 자신의 기도를 다른 사람들에게 보여 주기 위해, 사람들의 관심을 끌기 위해 기도를 하였다는 것이다. 또한 하나님 앞에서는 어떻게 기도를 하였는가? "하나님이여 나는 다른 사람들 곧 토색, 불의, 간음을 하는 자들과 같지 아니하고(11절)", "나는 이레에 두 번씩 금식하고 또 소득의 십일조를 드리나이다(12절)." 자기의 의를 내세우며 기도를 하였다. 하나님 앞에서 말이다. 그에 반해 세리는 어떻게 기도를 하였는가? "멀리 서서(13절)" 이 장면만 보더라도 그의 믿음의 태도가 어떠하였는지 짐작할 수 있다. 자신이 죄인이라는 것을 자각한 세리는 감히 하나님을 볼 수 없어 가슴을 치며 통회하며 기도를 하였다. 자신의 의를 내세우며 자신은 죄가 하나도 없는 것처럼 기도를 하는 바리새인과 너무나 상반되지 않는가? 하나님은 누구의 기도를 받으셨는가?

내가 너희에게 이르노니 이에 저 바리새인이 아니고 이 사람이 의롭다 하심을 받고(눅 18:14).

그 이유에 대해 주님은 이렇게 말씀하셨다.

무릇 자기를 높이는 자는 낮아지고 자기를 낮추는 자는 높아지리라 하시니라(눅 18:14).

오늘날 많은 크리스천이 바리새인과 같이 행위적인 기도를 통해 자기 의를 내세우며 기도를 하고 있다. '하나님, 저 새벽 작정 기도를 하니까 응답해 주세요.', '하나님, 저 금식 기도를 하니까 응답해 주세요.'라고 말이다. 기도는 커피 자판기가 아니다. 새벽 기도, 작정 기도, 금식 기도라는 동전만 집어넣으면 우리 입맛에 맞는 기도 응답이 나오는 것이 아니다. 기도는 하나님과의 인격적인 교제이다. 겸손히 나아가 그분의 주권을 인정하며 뜻을 구하는 것이다. 역대하 7장 14절에 이런 말씀이 있다.

내 이름으로 일컫는 내 백성이 그들의 악한 길에서 떠나 스스로 낮추고 기도하여 내 얼굴을 찾으면 내가 하늘에서 듣고 그들의 죄를 사하고 그들의 땅을 고칠지라(대하 7:14).

여기서 우리가 어떻게 기도를 해야 하는지 세 가지를 단계적으로 가르쳐 주고 있다. 가장 먼저 이야기하는 것은 "그들의 악한 길에서 떠나"이다. 무엇을 말하고 있는 것인가? 우리의 잘못된 기도가 바뀌어야 한다는 것이다. 두 번째, 어떻게 말인가? "스스로 낮추고 기도하여" 겸손하고 낮은 마음으로 말이다. 세 번째, 무엇을 구해야 하는가? "내 얼굴을 찾고" 우리가 구할 것은 하나님의 얼굴이라는 것이다. 하나님은 왜 바리새인의 기도가 아닌 세리의 기도를 받으셨는지 알 수 있지 않은가? 세리는 다른 무엇을 구하지 않았다. 스스로 낮아져서 겸손히 주님의 얼굴만을 구했다. 세리는 좋은 차, 좋은 집, 좋은 직장, 좋은 대학을 구하지 않았다. 오직 하나님만! 하나님의 긍휼하심을 구했다(단 9:18).

우리의 기도가 이런 기도가 되어야 하지 않을까? 온통 우리 것만 구하고 있다. 우리의 기도가 바뀌어야 한다. 정욕을 위해 구하는 기도가 아닌 겸손하여 낮아져 하나님의 얼굴을 구하는 기도가 되어야 한다. 즉, 세리와 같이 겸손히 주님 앞에 나아가 그분의 주권을 인정하며 뜻을 구하며 믿음으로 간절히 부르짖어 기도할 때 하나님은 우리의 간절한 부르짖음을 들으시고 응답하여 주실 것이다.

주님과의 로맨스를 만들라

아기는 젖을 먹기 위해 엄마를 간절하게 찾는다. 그러나 아기는 엄마를 통해 배만 채우는 것이 아닌 그 이상의 무엇인가를 채움을 받는다. 그것은 '영혼의 채움'이다. 아기는 엄마의 따뜻한 품 안에서 눈을 마주하며 엄마와 친밀한 사랑의 교제를 나눈다. 엄마가 사랑의 눈빛으로 바라보면 사랑을 느끼고, 행복의 눈빛으로 바라보면 행복을 느끼고, 기쁨의 눈빛으로 바라보면 기쁨을 느낀다. 이를 통해 아기는 영혼의 채움을 받게 되는 것이다. 이는 우리의 신앙생활도 마찬가지라고 생각을 한다. 하나님의 자녀인 우리가 주님의 눈을 바라보며 기도할 때 친밀한 사랑의 교제를 통해 영적으로 채움을 받게 된다. 그러나 우리가 주님과 눈을 마주하지 않고 기도를 한다면 어떻게 될까? 영적으로 채움을 받을 수 없을 것이다. 아기가 엄마의 눈을 바라보지 않고 젖만 먹으면 육적인 배고픔을 채울 수 있겠지만 영혼의 채움을 받을 수 없는 것처럼 말이다. 우리의 기도는 어떠한가? 혹 주님의 눈을 바라보지 않고 육적인 배고픔만 채우는 기도를 하고 있지는 않은가? 하나님에 대해선 관심이 없고 그저 그분이 베푸시는 복만 구하고 있지는 않은가? 찬양 중에 〈시선〉이라는 곡이 있다.

내게로부터 눈을 들어 주를 보기 시작할 때
주의 일을 보겠네
내 작은 마음 돌이키사 하늘의 꿈 꾸게 하네
주님을 볼 때
모든 시선을 주님께 드리고
살아 계신 하나님을 느낄 때
내 삶은 주의 역사가 되고
하나님이 일하기 시작하네

우리의 시선이 하나님이 주시는 복에만 머물러 있는 것이 아닌 하나님에게로 옮겨질 때 영적으로 채움을 받을 수 있다. 기도는 주님과의 교제이다. 만약 이성 교제를 하면서 상대방의 눈을 바라보지 않고 대화를 한다면 상대방이 어떻게 생각을 할까? 그리고 만날 때마다 "이것 좀 해 주세요.", "저것 좀 해 주세요."라고 하면 말이다. '이 사람 뭐야?', '이 사람 날 뭘로 보는 거야?'라고 하며 다시는 만나지 않을 것이다. 우리가 지금 이렇게 기도를 하고 있는 것이다. 주님의 눈을 바라보지 않고 '이것 주세요.', '저것 주세요.'라고 하며 기도를 하고 있는 것이다. 주님은 이렇게 기도하는 우리를 바라보시며 어떻게 생각을 하실까? '너희들 뭐니?', '너희들 날 뭘로 보고 있는 거야?'라고 하지 않으실까?

오늘날 많은 크리스천이 기도를 하면서 영적 결핍 가운데 있는 것은 기도를 주님과의 교제라고 생각하지 않고 무엇을 얻어 내기 위한 수단적 행위로 생각하기 때문이다. 기도는 주님과의 인격적인 교제를 통해 그분의 마음과 뜻을 알아 가는 것이다. 우리의 기도에 주님의 마음과 뜻이 부어질 때, 주님의 사랑과 은혜가 임할 때 영적으로 충만해지는 것이다. 이를 통해 우리는 주님의 끝없는 사랑과 은혜를 알고 깨달아 주님과의 친밀한 사랑의 교제 속에서 로맨스를 만들어 가는 것이다. 우리 모두 나를 향하던 시선을 주님께 향하고 주님과의 친밀한 사랑의 교제 속에서 아름다운 사랑의 로맨스를 만들어 가길 바란다.

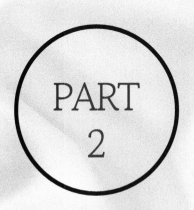

PART 2

부르짖을 때 은혜가 임한다

CHAPTER
5.

구원의 감격을 회복하라

"내가 일어나 아버지께 가서 이르기를 아버지 내가 하늘과 아버지께 죄
를 지었사오니 지금부터는 아버지의 아들이라 일컬음을 감당하지 못하겠나
이다(눅 15:18-19)."

식어 버린 사랑

누가복음 15장을 보면 돌아온 탕자 이야기가 있다. 어느 부잣집
둘째 아들이 아버지께 자신에게 돌아올 유산을 미리 요구한다. 그러
고는 그 재물을 가지고 집을 떠나 허랑방탕한 생활을 하다가 그 모
든 재산을 탕진하고 빈털터리가 되어, 그 나라 백성 중 한 사람에게
빌붙어서 돼지가 먹는 쥐엄 열매로 배를 채우려 하였지만, 그것조차
도 없어 먹지 못하는 신세가 되고 만다. 이런 비참함 속에서 그는 아
버지를 떠나 살아 보려고 했던 자신의 잘못된 생각을 깨닫고 아버지

에게 돌아가기로 결심을 한다. 하지만 자신이 한 행동이 있으니 마음 한편으로는 아버지가 받아 주실까 하는 근심 걱정과 함께 무거운 발걸음을 하며 집으로 향했을 것이다.

그런데 그의 생각과 달리 아버지는 저 멀리서 아들의 모습이 보이자마자 한걸음에 달려와 꼭 껴안고 입을 맞추어 주시는 것이 아닌가? 얼마나 그리웠던 품인가? 얼마나 따뜻한 품인가? 탕자는 아버지의 품에 안기는 순간 그 뜨거운 사랑에 감격하며 하염없이 눈물을 흘렸을 것이다. 우리는 어떠한가? 둘째 아들의 모습이 우리의 모습은 아닌가? 하나님 없이 살아 보려는 우리의 어리석은 모습 말이다. 많은 크리스천이 신앙의 열정이 식으면 이런 말들을 한다. '돈 많이 벌면', '사업이 잘되면', '좋은 대학 들어가면 신앙생활 잘 할게요.' 하지만 결국 신앙의 열정을 회복하지 못하고 하나님을 떠나 탕자로 살아가는 사람들이 얼마나 많은가?

돌연변이 기독교

그렇다면 오늘날 크리스천들의 신앙의 열정이 식는 이유는 무엇인가? 그 이유는 십자가를 이해하는 수준으로 추락시킨 돌연변이 기독교가 자리하고 있기 때문이다. 어떤 것이 기독교인가? 이해하는 것이 기독교인가? 아니면 십자가를 경험하는 것이 기독교인가? 십자가는 이해하는 것이 아니라 죄인이 된 우리가 십자가에 못 박히는 것이 기독교이다.

내가 그리스도와 함께 십자가에 못 박혔나니 그런즉 이제는 내가 사는 것이 아니요 오직 내 안에 그리스도께서 사시는 것이라 이제 내가 육체 가운데 사는 것은 나를 사랑하사 나를 위하여 자기 자신을 버리신 하나님의 아들을 믿는 믿음 안에서 사는 것이라(갈 2:20).

우리가 십자가에 못 박히는 경험이 없다면, 누구의 삶을 살아가고 있는 것인가? 여전히 내가 삶의 주인이 아닌가? 죄인이 된 우리가 십자가에 못 박히는 경험이 없다면 우리를 위해 죽으신 예수 그리스도도 없는 것이다. 몸부림치며 십자가 앞에 통회 자복한 일이 없는데, 가슴을 부여잡고 자신의 죄를 철저히 회개해 본 적이 없는데, 어떻게 예수 그리스도의 십자가 은혜를 알 수 있겠는가? 예수님은 구원 앞에 땀이 핏방울이 될 때까지 부르짖고 부르짖으셨는데(눅 22:40) 우리는 어떻게 침묵하며 예수 그리스도의 심정과 구원의 가치를 알 수 있겠는가? 예수 그리스도처럼 눈물이 핏방울이 될 때까지 기도해 본 적이 없는데 어떻게 구원의 가치를 알 수 있단 말인가? 많은 사람이 돌연변이 기독교 앞에 자신의 구원을 맡기고 있다. 하나님이 하나뿐인 독생자를 십자가에 달려 죽게 하신 것이 우리를 적당히 사랑해서, 예수님이 십자가에서 흘리신 물과 피가 우리를 적당히 사랑해서 흘리신 피인가? 정말 그리스도인이라면 우리의 죄 때문에 십자가에서 물과 피를 흘리시는 예수님을 바라보며 적당히 감동받고 적당히 눈물을 흘릴 수 없다. 그 십자가 앞에서 만난 사람은 알 것이다. 그럴 수 없다는 것을 말이다.

지적 동의

우리는 구원에 관해 좀 더 진지하게 고민하고 생각해야 한다. 자신에게 있어 구원의 가치는 얼마나 되는가? 아무런 감동도 없고 자신에게 아무 영향도 미치지 못하는 정도밖에 되지 않는가, 아니면 그 무엇과도 바꿀 수 없는 가장 소중한 가치를 하고 있는가에 대한 깊은 자각이 필요하다.

우리가 살면서 가장 소중한 것이 있다면 아마도 가장 비싼 값을 지불하고 구입한 물건일 것이다. 어쩌면 자신의 목숨을 바쳐서라도 지키고 싶은 물건이기도 할 것이다. 그렇다면 예수 그리스도는 자신에게 얼마짜리인가? 자신의 삶에서 예수 그리스도가 얼마나 큰 값어치를 하고 있는가? 얼마나 큰 영향을 미치고 있는가? 통회 자복 없는 값싼 회개, 눈물 없는 회개, 예수 그리스도가 내 죄를 위해 죽었다는 지적 동의만 하면 자신의 죄가 용서함을 받는 줄 알고 있는 사람들이 분명히 알아야 하는 것은 통회 자복이 없는 기독교는 기독교가 아니라는 것이다. 하나님 앞에서 통회 자복한 일이 없는데, 가슴을 부여잡고 자신의 죄를 눈물로 회개해 본 적이 없는데 어떻게 예수 그리스도의 십자가의 은혜를 알 수 있겠는가? 어떻게 하나님의 사랑을 알 수 있겠는가? 그러면서 단순히 "예수가 내 죄를 위해 죽었다더라."라는 그 지적 동의가 얼마나 예수 그리스도를 경험케 하는가? "독생자 예수를 믿으면 누구나 구원을 받는다더라." 하는 지적 동의가 얼마나 하나님의 사랑을 경험케 하는가? 정말 쉽다. 입만 벙긋하면 구원받는다. 그러나 성경은 그렇게 이야기하지 않고 있다.

네가 만일 네 입으로 예수를 주로 시인하며 또 하나님께서 그를 죽은 자 가운데서 살리신 것을 네 마음에 믿으면 구원을 얻으리니 사람이 마음으로 믿어 의에 이르고 입으로 시인하여 구원에 이르느니라(롬 10:9-10).

이 말씀에서 믿음은 형식적이고 수동적으로 인정하는 것도, 자기 확신도 아니라는 것이다. 9절에 '마음에 믿으면', 10절에 '마음으로 믿어'라는 말씀에서 '마음'은 원어로 '카르디아'로 '깊은 내면'을 의미한다. 즉, 깊은 내면에서부터 예수 그리스도를 믿는 것을 말하는 것이다. 또한 '시인하다'의 원어는 '호몰로게오'로 어떤 사실을 충분히 인식하고 체험한 것을 고백하는 행위를 말한다. 사도행전 2장 36절을 보자.

그런즉 이스라엘 온 집은 확실히 알지니 너희가 십자가에 못 박은 이 예수를 하나님이 주와 그리스도가 되게 하셨느니라 하니라(행 2:36).

베드로 사도는 예루살렘 광장에 모인 사람들에게 예수 그리스도의 십자가 복음을 증거하였다. 십자가 복음을 들은 사람들은 어떻게 반응을 하였는가? 다음 절인 37절이다.

그들이 이 말을 듣고 마음에 찔려 베드로와 다른 사도들에게 물어 이르되 형제들아 우리가 어찌할꼬(행 2:37).

그들은 마음에 찔림을 받았다. '우리가 예수 그리스도를 십자가에 못 박아 죽였어.' '우리가 가해자이고, 살인범이야.'라는 생각이 그들을 견딜 수 없게 만들었다. 그렇다면 우리는 어떠한가? 예수님을 십자가에 못 박아 놓고 아무 찔림과 감동이 없다는 것은 너무나 잘못된 것이 아닌가? 예수님이 누구 때문에 가시 면류관을 쓰셨는가? 예수님이 누구 때문에 수치와 모욕을 당하셨는가? 예수님이 누구 때문에 못과 창에 찔리셨는가? 바로 우리의 죄와 허물 때문이다. 죄의 삯은 사망이기에 우리가 십자가에 달려 죽어야 하는데 어린 양 예수 그리스도가 속죄 제물이 되셔서 우리의 죄를 끌어안으시고 십자가에서 죽으신 것이다. 예수님이 십자가에 달리신 것은 '우리 죄' 때문이다. 예수님이 '나 때문에', '우리 때문에' 십자가에서 모진 고통당하시고 죽으신 것이다.

우리가, 내가! '예수 그리스도를 죽인 가해자'인 것이다.

하나님이 우리의 죄를 어린 양 예수께 전가시켜서 우리가 감당해야 할 죄를 예수님이 십자가에서 대신 감당하셨다. 십자가 사형장으로 우리가 가야 하고, 십자가 사형 틀에 우리가 못 박혀야 하지만 예수님이 대신 달려 죽으신 것이다. 우리는 예수님을 죽였다는 깊은 자각이 있어야 한다. 예수님을 죽인 살인범이 에어컨 바람 쐬면서, 편안한 소파에 앉아서 '내가 예수를 죽였소!', '마음이 편하지가 않네요!'라고 하는 잠깐의 후회와 죄책감으로 구원받았다고 생각하는가? 이런 거짓된 복음이 어디 있는가? 억지가 어디 있는가? 이런 값싼 회개가 어디 있는가? 우리의 죄가 고개 한 번 까닥이면 용서받고 해결되는 죄인가? 이런 눈물 없는 회개가 무슨 회개인가? 이런 회개가 나에게 얼마나 영향을 미치겠는가?

E. M. 바운즈는 "기도의 가마솥이 전에는 펄펄 끓었지만 지금은 그 불이 너무나 약해져서 '점잖은 미지근함'으로 바뀌었다. 기도의 가마솥에 우리의 죄, 욕심, 교만을 끓이고 끓이는 것이다. 오늘날 우리는 점잖게 조용히 죄를 해결하려고 한다."라고 지적한다. 영화 〈밀양〉에서 여주인공이 자신의 아들을 죽인 살인범을 용서하기 위해 교도소로 찾아간다. 그런데 철장 안에 있는 살인범은 하나님이 자신의 죄를 용서하셨다며 환하게 웃으며 그녀를 맞이한다. 그 모습을 본 여주인공은 가슴을 부여잡고 통곡을 한다. 왜 그런가? 이것은 모순이기 때문이다. 여기서 생각해 보자! 누가 통곡을 해야 하고 누가 웃어야 하는가? 과연 그 살인범이 하나님의 죄 용서, 즉 십자가에서 자신을 위해 죽으신 예수를 만났다면 그녀를 그렇게 대할 수 있을까? 그는 과연 어떤 예수를 만났기에 그녀를 그렇게 대할 수 있었을까? 혹 우리가 만난 예수는 아닌가?

값싼 회개

그 살인범을 생각할 때 누가복음 18장에 나오는 바리새인을 보는 것 같다. 예수님은 제자들에게 스스로 의롭다고 여기는 자에 대해 말씀하시면서 바리새인과 세리의 기도를 비유로 드셨다.

바리새인은 서서 따로 기도하여 이르되 하나님이여 나는 다른 사람들 곧 토색, 불의, 간음을 하는 자들과 같지 아니하고 이 세리와도 같지 아니함을 감사하나이다 나는 이레에 두 번씩 금식하고 또 소득의 십일조를 드리나이다 하고 세리는 멀리 서서 감히 눈을 들어 하늘을 쳐다보지도 못하고 다만 가슴을 치며 이르되 하나님이여 불쌍히 여기소서 나는 죄인이로소이다 하였느니라 내가 너희에게 이르노니 이에 저 바리새인이 아니고 이 사람이 의롭다 하심을 받고 그의 집으로 내려갔느니라(눅 18:11-14).

바리새인과 세리는 함께 기도하러 성전에 올라갔다. 바리새인은 자기의 의를 나타내며 기도한 반면 세리는 가슴을 치며 자신이 죄인이라는 것을 고백하며 하나님께 나아갔다. 나는 십자가를 생각할 때 가끔 가슴이 저리고 어느 때는 가슴의 통증을 느끼며 몸부림을 칠 때도 있다. "내가 예수님을 십자가에 못 박았습니다. 내가 예수님의 옆구리를 창으로 찔렀습니다. 나는 살인자입니다. 나를 용서하소서!" 부르짖지 않으면 미칠 것 같아 부르짖고 또 부르짖는다. "주여! 이 죄인을 용서하소서!", "주여! 이 죄인을 불쌍히 여기소서!" 여기서 무슨 설명과 이해가 필요하겠는가! "주여~~" 말고는 아무 말도 할 수가 없는 것이다. 미사여구가 필요 없는 회개, 어떤 단어로 표현할 수 없는 회개, 오직 '주여'로밖에 표현할 수 없는 회개, 전인격적인 회개가 이루어지는 것이다. 애절하게 울 수밖에 없다. 십자가 나무틀을 타고 내려오는 예수님의 피를 바라보면서 내가 살인범이라고 용서해 달라고 가슴을 부여잡고 통곡할 수밖에 없는 것이다.

그들이 그 찌른 바 그를 바라보고 그를 위하여 애통하기를 독자를 위하여 애통하듯 하며 그를 위하여 통곡하기를 장자를 위하여 통곡하듯 하리로다 (슥 12:10).

그를 찌른 자들도 볼 것이요 땅에 있는 모든 족속이 그로 말미암아 애곡하리니(계 1:7).

예수 그리스도를 믿고 회개한다는 것은 그리 간단한 일이 아니다. 값싼 회개로 구원받았다고 착각하지 마라! 존 번연(J. Bunyan)은 이렇게 말한다.

"언제나 교회를 위협하는 악들 중 하나는 죄를 진정으로 회개한 적이 없는 사람들이 교회에 들어와 교인이 되는 것이다."

C. S. 루이스도 비슷한 말을 했다.

"타락한 시대에는 죄 문제를 해결하려는 진지한 몸부림이 사라진다."

우리가 어쩌다가 사람을 죽였다고 생각해 보자. 그 죄책감이 평생 따라다닐 것이다. 그런데 우리의 죄와 허물로 예수 그리스도를 죽여 놓고 양심의 찔림이 없다면! 그 사람은 인간성을 상실한 흙덩어리에 불과한 존재가 아닌가? 예수 그리스도를 믿었다면 십자가에 못 박히는 경험과 함께 십자가에서 자신의 죄를 자복하고 통회하는 것이 포함되어 있어야 한다. 이것이 없는 사람은 십자가의 부활도 없는 것이다. 해산의 고통이 없는데 어떻게 출산의 기쁨을 누리겠는가? 우리는 십자가를 경험하는 만큼 예수 그리스도의 삶을 살아갈 수 있다. 누구나 살 수 있는 삶이 아니다. 십자가를 경험하는 사람만이 누릴 수 있는 삶이다. 이 시대는 너무나 값싼 회개가 만연하여 있다. 이렇다 보니 구원의 감격도 신앙의 열정도 식고 있는 것이다.

깊은 자각과 자기 부인

이런 차원에서 우리가 어떻게 하면 신앙의 열정을 회복할 수 있는지 탕자를 통해 그 세 가지를 간단히 살펴보자. 첫 번째로 우리가 신앙의 열정을 회복하기 위해서는 '깊은 자각'이 있어야 한다. 탕자가 아버지께로 돌아갈 수 있었던 것은 깊은 자각이 있었기 때문이다.

이에 스스로 돌이켜 이르되 내 아버지에게는 양식이 풍족한 품꾼이 얼마나 많은가 나는 여기서 주려 죽는구나(눅 15:17).

여기서 '이에 스스로 돌이켜'라는 말은 그가 궁핍하고 비참해지자 비로소 자신을 돌아보게 되었다는 것이다. 즉, 자신의 잘못을 깊이 자각하게 되었다는 것이다. '내가 왜 아버지를 떠나려고 하였을까?', '내가 왜 유산을 달라고 하였을까?', '내가 왜 지금 돼지보다도 못한 처지가 되었을까?'라고 말이다. 돼지가 먹는 쥐엄 열매도 먹지 못하는 자신의 비참한 모습을 보며, 아버지 집에는 양식이 풍족한 품꾼이 얼마나 많은가 하는 생각을 하니 아버지를 떠나 살아 보려 했던 자신의 교만함과 어리석음을 뼈저리게 느끼며 후회했을 것이다. 다시 말해 자신의 교만함이 돼지 오물과 같았고, 아버지를 떠나 살아 보려 했던 자신의 삶이 돼지 오물통과 같은 삶이라는 것을 깨닫게 된 것이다. 이런 깊은 자각이 있었기에 그는 아버지께로 돌아갈 수 있었던 것이다. 우리에게도 이런 깊은 자각의 은혜가 주어지길 바란다.

두 번째로 우리가 신앙의 열정을 회복하기 위해서는 '회개'가 있어야 한다. 탕자가 아버지께 돌아갈 수 있었던 것은 깊은 자각과 함께 회개가 뒤따랐기 때문이다.

내가 일어나 아버지께 가서 이르기를 아버지 내가 하늘과 아버지께 죄를 지었사오니 지금부터는 아버지의 아들이라 일컬음을 감당하지 못하겠나이다 나를 품꾼의 하나로 보소서 하리라(눅 15:18-19).

탕자는 깊은 자각을 한 후 회개의 자리로 나아갔다. 아버지께 유산을 요구하여 그 재물을 가지고 세상에 나아가 허랑방탕한 생활을 하다가 탕진하고 말았으니 무슨 염치로 갈 수 있겠는가? '그래, 나는 아들이라고 불릴 자격이 없어.', '그래, 나는 아버지 집에 있는 종으로 살아도 돼.'라는 자기 부인을 하며 회개를 하였다. 아버지 없이 살아 보려고 했던 그, 돈만 있으면 아버지가 없어도 잘 살 수 있을 것이라고 생각한 그는 자아실현을 하지 못하고 자기 부인의 자리, 즉 회개의 자리로 나아갔던 것이다. 마태복음 16장에서 예수님은 제자들에게 이렇게 말씀하셨다.

이에 예수께서 제자들에게 이르시되 누구든지 나를 따라오려거든 자기를 부인하고 자기 십자가를 지고 나를 따를 것이니라(마 16:24).

우리는 신앙의 열정이 식으면 자아실현을 한 후 '돈 많이 벌면', '사업이 잘되면', '좋은 대학 가면' 주님을 따르겠다고 하지만 자기 부인, 즉 자신을 십자가에 못 박는 회개 없이는 주님을 따를 수 없다. 탕자가 아버지께 돌아갈 수 있었던 것은 자기를 부인하는 회개가 있었기 때문이다.

구원의 감격을 회복하라

이것으로 탕자의 이야기는 끝나지 않고 그에게 놀라운 반전의 드라마가 기다리고 있었다. 집에 도착하기도 전인데 아버지가 한걸음에 달려와 안아 주시며 입 맞추어 주시는 것이 아닌가? "왜 이제 왔어.", "고생 많았지, 내 아들.", 이것이 웬 은혜인가? 이것이 웬 감격인가? 모든 것을 탕진하고 돌아온 나인데, 아버지보다 돈을 선택하였던 나인데, 아버지를 버리고 떠난 나인데 꾸짖지 않으시고 꼭 안아 주시니 말이다. 탕자는 그 품에 안겨 아버지를 떠나 살아 보려고 했던 자신의 교만과 이기심과 어리석음을 깊이 자각하며 아버지의 그 뜨거운 사랑 앞에 눈물, 콧물 흘리며 감격하고 감격하였을 것이다. 이 놀라운 구원의 감격이 그를 기다리고 있었던 것이다.

세 번째로 우리가 신앙의 열정을 회복하기 위해서는 구원의 감격을 회복해야 한다. 우리가 신앙의 열정이 식는 이유는 구원의 감격이 사라졌기 때문이다. 이전에 세상이 줄 수 없는 기쁨과 행복을 경험하지 않았던가? '주님'이라는 이름만 불러도 두 볼에 뜨거운 눈물이 흐르지 않았던가? 십자가의 은혜에 감격해서 나의 삶을 주님께 드린다고 고백하지 않았던가? 이전에 경험한 구원의 감격으로 오늘을 사는 것이 아닌 오늘 경험한 구원의 감격으로 오늘을 살아야 한다. 다시 말해 십자가의 은혜가 오늘 나에게 경험이 되어야 한다는 것이다. 그렇지 않기 때문에 세상으로 나아가는 것이 아닌가? 그렇다면 우리는 어떻게 해야 하는가? 어떻게 하면 구원의 감격을 회복할 수 있는가? 탕자는 어떻게 하였는가? 그가 어떻게 구원의 감격을 경험하게 되었는가? 그가 구원의 은혜와 감격을 경험할 수 있었던 것은 그가 아버지 집으로 향했기 때문이다. 그럼 우리는 어디로 가야 하는가? 어디로 가야 구원의 은혜와 감격을 회복할 수 있는가? 우리 모두가 아는 것처럼 '십자가'이다. 십자가 앞으로 나아갈 때 우리는 구원의 은혜와 감격을 경험할 수 있다. 구원의 감격과 신앙의 열정이 식고 사라지고 있다면 십자가 앞으로 나아가길 바란다. 그곳에서 우리의 죄와 허물로 인해 십자가에 못 박히신 예수 그리스도를 바라보며 다시 한번 구원의 감격과 신앙의 열정을 회복하는 모두가 되길 바란다.

기도 골방에서 주시는 은혜

"성령 그가 너희에게 모든 것을 가르치고 내가 너희에게 말한 모든 것을
생각나게 하리라(요 14:26)."

고액 과외

2023년 통계청 발표에 의하면 초중고 사교육비가 초등학교 12
조 4221억 원, 중학교 7조 1533억 원, 고등학교 7조 5388억 원으
로 전전년도 대비 초등학교는 17.9%, 중학교는 12.6%, 고등학교는
15.2%로 모두 증가하였다고 발표를 하였다. 요즘 부모님들이 자녀
들을 키우면서 가장 힘들어하는 부분 중 하나가 교육비이다. 특히
사교육비는 공교육비를 뛰어넘어 부모님들의 허리를 휘청하게 만든
다. 과외를 시켜서라도 자녀들에게 좋은 교육을 시키고자 하는 부모
님들의 마음은 다 같은 마음일 것이다.

얼마 전 기사에서 투자의 귀재라는 워런 버핏(W. Buffett)과 점심 식사를 하기 위해 경매 행사가 진행되었다는 내용을 보게 되었다. 경매가 시작되면서부터 그 경쟁은 치열했다. 2만 5000달러로 출발해 며칠 후 경매가 끝나고 낙찰자가 밝혀졌는데 무려 1900만 달러, 한화 약 246억을 써낸 사람에게 낙찰되었다고 한다. 버핏과 단 한 번의 식사를 위해 그 큰돈을 쓴 것이다. 하지만 식사만을 하기 위해 그 돈을 쓴 것은 아니다. 버핏의 투자 방법을 듣고 배우는 것은 그만큼의 가치가 있기 때문이다. 즉, 일대일 투자 과외를 받기 위해 그 큰 거액의 돈을 쓴 것이다. 우리가 과외를 받는 것도 이와 같다. 무엇보다도 상대방의 지식과 지혜를 얻기 위해서이다. 그러나 우리가 원하는 과외 선생님을 만나기란 쉬운 일이 아니다. 인성과 실력을 갖춘 선생님들은 인기가 많아 좋은 조건과 고액의 과외비를 지불하고서라도 서로 모셔 가기 위해 치열하게 경쟁하기 때문이다. 버핏만 보아도 그렇다. 그와 식사를 하기 위해 최소한 일 년 이상을 기다려야 하고 엄청난 금액을 지불해야 만날 수 있다. 하지만 그렇게 준비를 하고 기다린다고 해도 그를 만난다는 보장은 없다. 경매를 통해 낙찰되어야 하기 때문이다. 우리가 원하는 선생님을 만나기란 하늘의 별 따기와 같이 어렵고 일 년이고 십 년이고 아니 어쩌면 평생 못 만날 수도 있다.

과외 선생님

우리 신앙생활에서 말씀을 가르쳐 주시는 과외 선생님은 누구인가? 그분은 바로 성령님이시다.

성령 그가 너희에게 모든 것을 가르치고 내가 너희에게 말한 모든 것을 생각나게 하리라(요 14:26).

제임스 패커(J. I. Packe)는 "성령께서는 성경이 만들어지고 우리 앞에 놓이기까지 전 과정에서 주도권을 행사하셨으며, 또한 동일한 주도권을 행사하셔서 우리를 감동시켜 성경을 받아들이고 경외하고 연구하게 하시며 우리에게 주시는 하나님의 메시지를 분별하게 하신다."라고 하였으며, 핸들리 모울(H. C. G. Moule)은 "성령님은 기록된 말씀의 참저자이실 뿐 아니라 또한 최고 권위의 해설자이시며 참된 해설자이시다."라고 하였다. 그렇다. 성령님은 성경의 저자이며 최고의 교사이시다. 그럼 우리는 성령님의 도움을 받기 위해 어떻게 해야 하는가?

너희 하늘 아버지께서 구하는 자에게 성령을 주시지 않겠느냐(눅 11:13).

기도의 자리로 나아가야 한다. 기도의 자리는 성령님을 통해 말씀을 배우는 일대일 과외 시간이며, 성령님의 조명하심을 받는 시간이다. 고액의 과외비를 지불할 필요가 없다. 눈치 보며 배울 필요가 없다. 그분의 사랑 안에서 그분의 사랑을 받으며 가르침을 받으면 된다. 시간도 여유롭고 자유롭다. 기다릴 필요도 없다. 어느 때든 우리가 원하는 시간과 장소에서 배울 수 있다. E. M. 바운즈는 이렇게 말한다.

"우리는 도서관에서 설교하는 법과 설교할 내용에 대해 배우는 것보다 골방에서 더 많은 것을 배울 수 있다. 골방이야말로 더없이 훌륭한 교사요, 학교이다. 기도할 때 생각이 반짝이고 명료해질 뿐만 아니라 싹트기 때문이다. 다른 어디에서도 찾을 수 없는 책이 골방에 있기 때문이다."

그렇다. 기도 골방은 성경 최고의 명문 학교이며 그곳에는 세상에 없는 수많은 책이 소장되어 있으며 더욱이 그곳에는 성경 최고의 권위자이신 성령님이 교사로 계신 곳이다. 우리는 그곳에서 성령님을 통해 하나님의 말씀을 배울 수 있다.

조명하심을 구하다

주님을 처음 만났을 때의 일이다. 교회에 나간 지 3주가 지난 어느 날 출근하는 버스 안에서 신비한 일을 체험하게 되었다. 나는 안양에서 강남으로 출퇴근을 하였는데, 출근하는 길은 늘 그렇듯이 졸리고 피곤하다. 그럴 때 버스에서 잠시 자는 것은 꿀맛이다. 그러나 내가 타는 버스는 늘 만원이어서 자리가 있을 리가 만무하였다. 기대 없이 버스에 올랐는데 이게 웬일인가! 웬 은혜인가? 맨 뒤 한 자리가 비어 있는 것이 아닌가! 너무 기뻐서 소리를 지를 뻔하였다. 아, 이제 조금 잘 수 있겠구나! 온 세상을 가진 기쁜 마음으로 자리에 앉아 눈을 붙이는 순간 놀라운 일이 일어났다. 갑자기 이마에 성경 말씀이 TV 자막처럼 지나가는 것이었다. 그 말씀은 에스겔서 22장 30절, "이 땅을 위하여 성을 쌓으며 성 무너진 데를 막아서서 나로 하여금 멸하지 못하게 할 사람을 내가 그 가운데에서 찾다가 찾지 못하였으므로"이었다. 더욱이 끝 자막에는 에스겔서 22장 30절이라는 장과 구절이 정확히 쓰여 있었다. 한순간에 졸음이 싹 사라졌다. 너무 놀랍고 신기해서 버스 안임에도 불구하고 목사님에게 바로 전화를 하였다. 전화를 받으신 목사님은 성경 말씀이라고 하시며 그 말씀에 대해 잠깐 설명을 해 주셨지만 이해가 되지 않았다. 그럴 법도 한 것이 교회에 나간 지 3주밖에 되지 않은 초신자가 일반 성도들도 알기 어려운 에스겔서 말씀을 이해한다는 것은 불가능한 일이었다.

그동안 성경을 읽어 본 적도 없고, 신구약이 무엇인지, 에스겔서가 어디에 있는지조차 몰랐던 사람이었다. 더욱이 신기한 것은 암기력이 없는 나에게 그 말씀이 바로 암기가 되었다는 것이다. 아니 머리에 박혔다고 표현하는 것이 맞을 것이다. 그렇게 출근을 하여 일을 하는데 일이 손에 잡히지 않았다. 그 말씀에 대해 알고 싶어서 미칠 것 같았다. 어떻게 일을 했는지조차도 모르게 시간이 흘렀고, 퇴근을 하자마자 목사님에게 달려가 그 말씀에 대한 해석을 들었다. 목사님이 설명해 주셨지만 성경을 모르는 나는 이해가 되지 않았다. 그래서 여러 신학 서적을 찾아 가며 이해하려고 하였지만 쉽지 않았다. 더 답답한 것은 말씀이 머리에만 맴돌다 보니 갈급함은 더해만 갔다. 신학 서적을 통해 도움을 받는 것은 한계가 있다는 생각이 들었다. 순간 '그래! 성경이 하나님의 말씀이니 하나님의 도움을 받자!'라는 생각이 들었다. 그래서 시간 있을 때마다 기도 골방으로 나아가 성령님의 조명하심을 구했다.

그러던 어느 날 기도하는 가운데 성령님이 환상을 보여 주셨다. 그 환상은 처참하게 무너진 성벽 한가운데에서 내가 손을 들고 기도하는 모습이었다. 그러면서 성령님은 이것이 내가 해야 하는 일이라고 하셨다. 이후 성령님은 세 번에 걸쳐 똑같은 환상을 보게 하시면서 더 쉽게 중보의 사명을 깨닫게 하셨다. 그동안 머리에만 맴돌았던 말씀이 마음으로 느껴지면서 주님이 나를 부르신 목적과 사명을 깨닫게 되었다. 마음이 뜨거워지고 사명감이 불타올랐다. 동시에 마음속에서 하나님의 거룩한 자녀로 살아야겠다는 결심도 들었다. 이후 성령님은 나를 중보의 자리로 계속 이끄셔서 하나님의 영광을 나타내게 하셨다.

우리는 말씀을 알기 위해 많은 노력을 한다. 신학 서적들과 주석의 도움을 받아 말씀을 분석하고 연구를 하지만 한계에 맞닥뜨릴 때가 있다. 이때 기도의 골방으로 나아가 성령님의 조명하심을 구하면 성경의 저자이신 성령님이 그 말씀을 풀어 주시고 깨닫게 하실 것이다.

역사하시는 하나님

이뿐만이 아니다. 하나님은 우리가 기도의 골방에서 기도를 할 때 일을 행하시고 우리를 통해 성취해 나아가신다. 나는 주님을 인격적으로 만난 후 매일 교회에 나아가 기도를 하였다. 왜냐하면 주님을 뜨겁게 만난 것도 있지만 나를 만나 주셨던 그 뜨거운 사랑을 더 알고 싶어서였다. 그러면서 하나님은 내가 기도 골방에서 기도를 할 때 놀라운 일들을 행하시기 시작하셨다.

어느 날 교회에서 기도를 하는데 주님이 환상을 통해 한 청년을 보게 하셨다. 우리 교회 청년이었는데 복통으로 너무 고통스러워하였다. 순간 주님이 그 청년을 위해 기도를 하라는 것 같았다. 그래서 순종하는 마음으로 청년의 치유를 위해 기도를 하기 시작하였다. 그렇게 시작된 기도는 금방 끝날 것 같았지만 새벽이 다 되어서 끝났다. 기도를 마치고 집에 돌아와 쉬고 있는데 한 통의 전화가 걸려 왔다. 목사님이셨다. 목사님은 나에게 수고했다고 하시며 "네가 기도한 덕분에 병대가 치유를 받았어."라고 하셨다. 그러시면서 조금 전에 병대에게서 전화가 왔는데 그가 이런 말을 했다는 것이다. 새벽에 복통으로 너무 아프고 고통스러웠는데 누군가 자신을 위해 기도해 주는 것을 느꼈다는 것이다. 그 후 복통이 완전히 사라졌다고 말이다. 그래서 기도해 주신 분이 목사님이신 줄 알고 감사 인사를 드리기 위해 전화를 하였다는 것이었다. 목사님은 항상 기도를 하시다가 강대상 옆 작은 방에서 주무셨기 때문에 내가 그를 위해 기도하는 것을 들으셨던 것 같다. 전후 일들을 다 아시는 목사님은 내가 병대를 위해 중보를 하였고, 주님은 그 기도를 받으셔서 병대를 치유하셨다는 것을 알려 주기 위해 전화를 하셨던 것이다. 너무나 기뻤다. 순간 마음속에서 '주님 감사합니다. 나 같은 사람도 주님이 사용하시는군요!'라는 감사와 기쁨이 터져 나왔다. 주님이 나를 사용하셨다는 생각에 가슴이 터질 것같이 벅차올랐다.

이 일이 있고 얼마 지나지 않아 수요 예배를 마치고 운전을 하며 집으로 향하고 있는데 주님의 음성이 들려왔다. 집에 도착을 하면 1시간 기도를 하라고 하셨다. 그날은 어머니가 몸이 아프셔서 수요 예배에 참석하지 못하시고 집에서 예배를 드리셨다. 집에 도착하여 어머니를 보니 몸이 괜찮으신 것 같아 방에 들어가 한 시간만 기도하겠다고 말씀드렸더니 어머니는 당신도 기도를 하시겠다고 하시며 방으로 들어가셨다. 이전 같으면 "밥은 먹었니? 오늘 일은 어땠니?"라고 하시며 이것저것 물으시는 어머니가 그날은 내가 기도한다는 말에 어떤 말씀도 안 하시고 중보의 자리로 나아가셨다. 주님이 함께하심을 느낄 수 있었다. 순간 성령님의 강한 임재가 느껴졌다. 주님은 나에게 어떤 기도 제목도 주시지 않았기에 나는 온전히 성령님만을 의지하며 기도를 시작하였다. 그런데 한 20분쯤 지났을까? 주님은 나에게 밖으로 나가 집 앞에 있는 남묘호렌게쿄(SGI, 불교 사상을 기초로 한 일본 신흥종교) 건물을 돌라고 하셨다. 이건 또 무슨 말씀인가라는 생각이 들었지만 주님이 이끄시는 기도라는 것을 믿고 있었기 때문에 순종하는 마음으로 집 밖으로 나가 그 건물을 돌기 시작하였다. 그 건물을 돌면서 이렇게 기도를 하였다. '하나님, 이곳에 하나님의 뜻이 이루어지길 원합니다. 하나님, 이곳에 하나님의 영광이 나타나

길 원합니다.'라고 기도를 하며 한 바퀴를 돌고 집으로 들어가려는데 주님의 음성이 또 들려왔다. 한 바퀴를 더 돌라는 것이었다. 그래서 다시 기도를 하며 그 건물을 돌고 집에 들어오려고 하는데, 이 찬양이 마음속에서 터져 나왔다. '승리는 내 것일세 승리는 내 것일세 구세주의 보혈로써 승리는 내 것일세.' 이 찬양을 부르는데 이 모든 것이 주님의 영광을 위해 하고 있다는 것이 느껴졌다.

그렇게 찬양을 부르며 집에 들어와 기도를 마무리하였다. 시계를 보니 9시 6분이었다. 기도를 시작한 시간이 8시 6분, 마친 시간이 9시 6분이었다. 1분도 틀리지 않게 성령님은 기도를 이끄셨다. 그로부터 3주가 지난 어느 날, 퇴근을 하고 집 앞 골목에 들어섰을 때 놀라운 광경이 눈에 펼쳐졌다. 기도했던 그 건물이 벽돌 하나도 없이 무너져 있었다. 너무 놀라서 소리조차 나오지 않았다. 발걸음을 멈추고 멍하니 바라만 보았다. 정신을 차리고 공사 관계자에게 물어보니 새로운 건물을 짓기 위해 건물을 무너트렸다고 하였다. 그 말을 듣는 순간 마음속으로 '하나님이 하셨군요! 하나님의 영광을 위해 이 작은 자를 사용하셨군요! 하나님께 모든 영광 돌립니다.'라고 기도를 하며 집에 들어와 어머니와 한참 동안 은혜를 나누었다. 이후 그 장소에 아름다운 빌라 두 채가 들어섰다. 이는 성경의 두 사건이 하나의 사건으로 나타난 것이었다. 하나는 여호수아서 6장에 나오는 여리고성이 무너진 사건으로, 하나님은 여호수아에게 여리고성을 매일 한 번씩 육 일 동안 돌고 마지막 날에는 성 주위를 일곱 번 돌라고 하셨다.

여호와께서 여호수아에게 이르시되 보라 내가 여리고와 그 왕과 용사들을 네 손에 넘겨 주었으니 너희 모든 군사는 그 성을 둘러 성 주위를 매일 한 번씩 돌되 엿새 동안을 그리하라(수 6:2-3).

또 한 사건은 다니엘 10장에 나오는 사건으로, 다니엘은 기도한 첫날에 하나님께 기도의 응답을 받았으나 사탄의 방해로 그 응답이 오기까지 21일이 걸렸다.

그가 내게 이르되 다니엘아 두려워하지 말라 네가 깨달으려 하여 네 하나님 앞에 스스로 겸비하게 하기로 결심하던 첫날부터 네 말이 응답 받았으므로 내가 네 말로 말미암아 왔느니라 그런데 바사 왕국의 군주가 이십일 일 동안 나를 막았으므로(단 10:12-13).

이 두 성경의 사건이 하나의 사건으로 나의 삶에서 일어났었다. 주님은 나에게 건물 주위를 돌라 하셨고 그 건물이 무너지기까지 3주가 걸렸다. 다니엘의 기도 응답이 오기까지 3주가 걸린 것처럼 말이다. 나는 그 일을 통해 만왕의 왕이시며 역사의 주관자이신 하나님을 경험할 수 있었다. 이렇듯 우리가 기도의 처소로 나아가 기도할 때 하나님은 일을 행하시고 우리를 통해 성취해 나아가신다. 이를 통해 우리는 우리와 동역하시는 하나님, 더 나아가 오늘도 살아계시고 역사하시는 하나님을 경험하게 되는 것이다.

말씀으로 점검하라

그러나 우리가 기도를 하면서 주의해야 하는 것이 있다. 그것은 우리가 기도의 골방에서 보고 듣고 체험한 것들이 성경의 기준과 부합한지 항상 점검해야 한다는 것이다. 그렇지 않으면 신비주의에 빠질 수 있다. 나는 처음부터 은사주의나 신비주의에 빠질 확률이 매우 높았다. 어머니가 권사님으로 취임하신다는 말에 가벼운 마음으로 어머니를 축하해 드리려고 들른 교회에서 주님을 인격적으로 만났으며, 그날 오후 목사님이 산 기도를 가자고 하셔서 기도하던 중에 각종 은사를 받고, 몇 주가 지난 후엔 버스 안에서 비몽사몽 중에 갑자기 에스겔서 말씀이 TV 자막처럼 이마에 지나가고, 아픈 사람을 위해 기도를 하였더니 병이 치유가 되고, 정신병자가 되지 않은 것이 이상할 정도였다.

이런 일들을 겪다 보니 신비하기도 하였지만 한편으로는 무섭고 두렵기까지 하였다. '나에게 왜 이런 일들이 일어나는 것일까? 내가 미쳐 가는 것은 아닐까?'라는 생각도 들었다. 그럴 법도 한 것이 나에게는 말씀이 없었기 때문이었다. 성경 말씀을 읽어 본 적이 없는 나였기에 모든 것이 개인적이고 주관적인 체험 신앙에 불과하였다. 그렇게 신앙생활을 계속 이어 갔다면 은사주의나 신비주의에 빠지고 말았을 것이다. 그러나 주님은 나에게 말씀에 대한 갈급함을 부어 주셨다.

그러면서 말씀을 통해 더 깊은 은혜를 경험케 하셨다. 어느 날은 말씀을 보는데 소리를 지를 뻔하였다. 그 말씀은 에스겔서 9장 4

절 "여호와께서 이르시되 너는 예루살렘 성읍 중에 순행하여 그 가운데에서 행하는 모든 가증한 일로 말미암아 탄식하며 우는 자의 이마에 표를 그리라 하시고"이었다. 출근할 때 상황이 또다시 펼쳐지는 것 같았다. 그동안 버스에서 경험한 일로 많은 걱정을 했다. 다른 사람에게 말을 하면 신비주의자로 취급을 받을까 봐 혼자 속앓이를 하며 지냈다. 그러던 중 에스겔서 9장 4절의 말씀을 보게 된 것이다. 얼마나 기뻤는지 모른다. '주님이 나를 택하셨구나!'라는 생각에 말로 표현할 수 없는 기쁨과 감사와 감격이 솟구쳐 올라왔다. 그리고 주님이 이렇게 말씀하시는 것 같았다. "그래, 내가 너를 지명하여 불렀어.", "너는 내 것이야."라고 말이다. 그리고 요한계시록 7장 3절에 "이르되 우리가 우리 하나님의 종들의 이마에 인치기까지 땅이나 바다나 나무들을 해하지 말라 하더라"라는 말씀은 이를 더 확증해 주었다. 이렇듯 말씀을 통해 확증을 얻고 보니 내가 신비주의자가 아닌 하나님의 말씀을 경험한 것임을 알게 되었다. 우리가 성경 말씀을 체험하는 것은 신비한 일이지만 결코 신비주의는 아니다. 왜냐하면 성경은 하나님의 말씀이기 때문이다. 따라서 우리가 기도 골방에서 체험하는 것들이 성경 말씀에 부합하는지 항상 점검을 해야 신비주의에 빠지지 않게 된다. 만약 그것들을 성경의 기준 없이 받아들이고 수용을 한다면 신비주의나 은사주의에 빠져 진리를 벗어난 신앙생활을 할 것이다. 그러나 성경의 기준에 부합하는 것이라면 하나님의 은혜와 역사를 경험하는 일이 될 것이다.

기도는 영적 함포이다

"일곱째 날에는 그 성을 일곱 번 돌며 그 제사장들은 나팔을 불 것이며 제사장들이 양각 나팔을 길게 불어 그 나팔 소리가 너희에게 들릴 때에는 백성은 다 큰 소리로 외쳐 부를 것이라 그리하면 그 성벽이 무너져 내리리니(수 6:4-5)."

"또 너희 땅에서 너희가 자기를 압박하는 대적을 치러 나갈 때에는 나팔을 크게 불지니(민 10:9)."

인천상륙작전

일제강점기의 오랜 고통과 아픔이 채 가시기도 전 한국전쟁이 발발하였다. 북한이 남침을 한 것이다. 남침 3일 만에 수도인 서울이 함락되었고, 북한은 그 파죽지세(破竹之勢)로 2개월 만에 낙동강 전선을 제외한 모든 지역을 점령하였다.

이로 인해 유엔군 사령관 맥아더(D. MacArthur) 장군이 전선에 파견되었다. 맥아더는 전쟁 상황을 둘러본 후 인천상륙작전을 계획하였다. 그러나 미합동참모본부와 해군은 그의 작전을 불허하였다. 여러 악조건 때문에 상륙작전을 하기에 부적절하다고 판단하였기 때문이다. 그러나 본부의 반대에도 불구하고 맥아더 장군은 인천상륙작전을 감행하였다. 그는 이 작전을 위해 미 육군과 해병대, 해군으로 구성된 제10군단을 창설하고 2만 5천 톤에 달하는 물자와 6천6백 대의 차량, 261척의 함선을 동원했다. 그의 첫 번째 목표는 인천항 입구에 있는 월미도를 확보하는 것이었다. 그래서 그는 먼저 북한군의 전력을 무력화시키기 위해 월미도 상륙 개시 전 48시간 동안 격렬한 함포 사격과 함께 항공모함에서 이륙한 전투기들도 폭격 가세를 하게 하였다. 그렇게 1950년 9월 15일 새벽 월미도를 향한 상륙작전이 시작되었고, 모두가 반대했던 인천상륙작전은 성공하였을 뿐만 아니라 그 기세를 모아 유엔군은 서울 탈환까지 성공하였다.

여기서 우리가 주목해야 하는 것은 맥아더 장군이 본부의 반대에도 불구하고 인천상륙작전을 감행하여 성공한 이유가 있었다는 것이다. 그것은 그가 적을 파악하고 있었기 때문이다. 그는 거칠 것 없이 밀고 내려오는 북한군은 공격에만 치중한 나머지 인천 방어 태세는 허술하게 할 것이라고 예상을 하였던 것이다. 이런 그의 생각은 적중을 하였고, 인천상륙작전은 성공할 수 있었다.

지피지기 백전백승

맥아더 장군이 인천상륙작전을 성공시킬 수 있었던 것은 무엇보다도 적을 파악하고 있었기 때문이다. 아군의 전술과 전략이 아무리 좋다 하더라도 적을 알지 못하면 이길 수 없다. 그가 최전선까지 몰렸던 전쟁을 최소한의 희생으로 한순간에 역전시킬 수 있었던 것은 전략적 요소도 있겠지만 무엇보다도 적을 알았기 때문이다. '지피지기(知彼知己)면 백전백승(百戰百勝)'이라는 말이 있다. '적을 알고 나를 알면 백 번 싸워도 이긴다'는 뜻이다. 그렇다면 우리를 공격해 오는 적은 누구인가? 그 적을 알고 대적을 할 때 우리는 승리의 삶을 살아갈 수 있다. 베드로전서 5장 8절이다.

너희 대적 마귀가 우는 사자 같이 두루 다니며 삼킬 자를 찾나니(벧전 5:8).

우리의 대적자는 마귀이다. 마귀는 어떠한 존재인가? 6천 년 동안 우리와 전쟁을 벌이고 있는 존재이며, 예수님을 십자가에 못 박게 한 존재이기도 하다. 이는 무엇을 말하는가? 궁극적으로 그는 우리를 죽이는 존재라는 것이다. 특히 그는 영적인 존재이다. 즉, 보이지 않는 존재라는 것이다. 전쟁에서 가장 위협적인 존재 중 하나가 '저격수(Sniper)'이다. 저격수는 적진에 들어가 지형지물을 통해 자신의 몸을 숨긴 채 총을 쏘기 때문에 그에게 표적이 된 사람은 누구든 생명을 보장받을 수 없다.

마귀는 스나이퍼와 같은 존재이다. 우리 주변에 있는 모든 것, 정치, 경제, 사회, 문화, 종교까지 저격수처럼 그곳에 자신의 몸을 숨기고 우리가 그의 표적 안에 들어오기만 하면 언제든 방아쇠를 당길 준비를 하고 있다. 우리가 방심하는 순간 그는 누구를 막론하고 어김없이 방아쇠를 당길 것이며 그 총알은 우리의 심장을 관통할 것이다. 마귀는 영적인 존재이기에 눈에 보이지 않는다. 바꾸어서 말하면 우리는 보이지 않는 적과 싸워야 한다는 것이다.

우리의 씨름은 혈과 육을 상대하는 것이 아니요 통치자들과 권세들과 이 어둠의 세상 주관자들과 하늘에 있는 악의 영들을 상대함이라 그러므로 하나님의 전신 갑주를 취하라 이는 악한 날에 너희가 능히 대적하고 모든 일을 행한 후에 서기 위함이라 그런즉 서서 진리로 너희 허리 띠를 띠고 의의 호심경을 붙이고 평안의 복음이 준비한 것으로 신을 신고 모든 것 위에 믿음의 방패를 가지고 이로써 능히 악한 자의 모든 불화살을 소멸하고 구원의 투구와 성령의 검 곧 하나님의 말씀을 가지라 모든 기도와 간구를 하되 항상 성령 안에서 기도하고 이를 위하여 깨어 구하기를 항상 힘쓰며 여러 성도를 위하여 구하라(엡 6:12-18).

사도바울은 우리의 싸움은 혈과 육의 싸움이 아닌 이 어둠의 세상 주관자들과 하늘에 있는 악한 영들과의 싸움이라고 하였다. 보이지 않는 적과의 영적 전쟁이라는 것이다. 하지만 천만다행으로 사도바울은 우리에게 보이지 않는 적과 싸울 수 있는 방법을 제시해 주고 있다. 무엇인가? '하나님의 전신 갑주'이다. 하나님의 전신 갑주는

'진리의 허리띠, 의의 호심경, 평안의 복음의 신, 믿음의 방패, 구원의 투구, 성령의 검'으로 방어와 공격을 할 수 있다. 그런데 여기에서 우리는 18절을 더 주목해야 한다. "모든 기도와 간구를 하되" 하나님의 전신 갑주가 작동을 하고 강력한 힘을 발휘하기 위해 기도를 해야 한다는 것이다. 즉, 기도가 뒷받침되어야 한다는 것이다.

승패는 기도에 달려 있다.

우리는 마귀를 대적하기 위해 말씀과 기도로 준비되어야 한다. 무기로 표현하자면 '말씀'은 전함(Warship)이고 '기도'는 전함에 있는 함포(The guns of warship)라고 할 수 있다.

그러나 오늘날 크리스천들은 어떠한가? 말씀을 통해 전신 갑주는 입고 있지만 기도를 하지 않는다. 전함에 진리의 허리띠, 의의 호심경, 평안의 복음의 신, 믿음의 방패, 구원의 투구, 성령의 검이라는 포탄은 있지만 함포에서 포탄이 발사되지 않는 것과 같다. 만약 맥아더 장군이 인천상륙작전을 할 때 함포가 지원사격을 해 주지 않았다면 어떤 결과를 가져왔겠는가? 인천상륙작전은 성공하지 못했을 것이다. 출애굽기 17장 10절에서 15절을 보자.

여호수아가 모세의 말대로 행하여 아말렉과 싸우고 모세와 아론과 훌은 산 꼭대기에 올라가서 모세가 손을 들면 이스라엘이 이기고 손을 내리면 아말렉이 이기더니 모세의 팔이 피곤하매 그들이 돌을 가져다가 모세의 아래에 놓아 그가 그 위에 앉게 하고 아론과 훌이 한 사람은 이쪽에서, 한 사람은 저쪽에서 모세의 손을 붙들어 올렸더니 그 손이 해가 지도록 내려오지 아니한지라 여호수아가 칼날로 아말렉과 그 백성을 쳐서 무찌르니라 여호와께서 모세에게 이르시되 이것을 책에 기록하여 기념하게 하고 여호수아의 귀에 외워 들리라 내가 아말렉을 없이하여 천하에서 기억도 못 하게 하리라 모세가 제단을 쌓고 그 이름을 여호와 닛시라 하고(출 17:10-15).

이스라엘 백성들의 출애굽의 여정은 쉽지 않았다. 이 본문 이전에도 목마름으로 어려움을 겪었고, 이제는 그 목마름이 해소가 되자마자 아말렉 군대가 기습 공격해 전쟁을 벌이게 되었다. 그래서 모세는 여호수아에게 군사들을 선발해서 그들을 이끌고 나아가 싸우도록 하였다. 그런데 전투를 하면서 이상한 장면이 펼쳐졌다. 모세가 손을 들면 이스라엘 군대가 이기고 손을 내리면 아말렉 군대가 이기는 것이었다. 모세가 기도할 때는 이스라엘 군대가 우세하였지만 기도가 약해질 때는 열세에 몰렸다는 것이다. 바꾸어서 말하면 모세가 후방에서 영적 함포인 기도로 지원사격을 해 주었을 때는 이스라엘 군대가 우세하였다는 것이다. 이런 모습을 본 아론과 훌은 모세의 팔을 한쪽씩 붙잡고 여호수아가 전쟁에서 승리할 때까지 모세의 팔이 내려오지 않도록 하였다. 이는 모세가 이스라엘이 완전히 승리할 때까지 기도를 멈추지 않았다는 것이며, 즉 영적 폭격을 멈추지 않았다는 것을 의미한다. 이러한 모세의 지원사격에 힘입어 이스라엘은 아말렉과의 전쟁에서 승리를 거둘 수 있었던 것이다.

신학교 때 일이다. 신학교에 입학하고 얼마 지나지 않아 기숙사 새벽 예배가 시작되었다. 기쁨과 설레는 마음으로 새벽 예배를 드리기 위해 기숙사를 내려오는데 이상한 소리가 들려왔다. 그 소리는 학교 후문에 있는 절에서 들리는 염불 소리였다. 그 염불 소리는 그날만 들린 것이 아닌 새벽 예배를 드리기 위해 내려올 때마다 매일 들려왔다. 더욱이 마이크를 잡고 염불을 외웠기 때문에 그 소리는 학교 전체에 울려 퍼졌다. 더군다나 염불을 새벽에만 외우는 것이 아닌 오전, 오후에 걸쳐 외우는 것이었다. 이렇다 보니 후문 가까이에 있는 강의실에서 수업을 들을 때면 염불 소리를 들으며 강의를 들어야 했다. 그 염불 소리 때문에 수업에 집중이 되지 않았고 머리가 아플 정도였다. 그렇다고 절에 찾아가서 수업에 방해가 되는데 조용히 해 달라고 말을 하는 것도 웃긴 이야기였다. 이렇게 있으면 안 되겠다는 생각이 들었다. 그날 저녁 고민 끝에 선배에게 속마음을 털어놓게 되었다. 그런데 선배도 그 염불 소리가 너무나 듣기 싫고 불쾌하다는 생각을 하고 있었다는 것이었다. 그래서 선배에게 후문에서 함께 기도하는 것이 어떻겠냐고 제의를 하였다. 선배는 그 말을 듣자마자 자신도 그런 생각을 하고 있었다고 반갑게 받아들였다. 더 놀라운 것은 옆에서 우리 이야기를 듣고 있었던 다른 선배도 기도를 해야겠다는 마음을 가지고 있었다는 것이었다. 너무나 신기했다. 모두 동일한 마음을 가지고 있었다니! 그렇게 염불 소리가 학교에서 사라지도록 후문에서 절을 향해 기도를 시작하였다. 즉, 영적 전쟁을 선포하고 영적 함포 사격을 시작한 것이다. 기도를 시작하니 학교에 소문이 퍼지고 우리와 동일한 마음을 가진 사람들이 하나둘씩 동참을 하였다. 비가 오면 비를 맞으며 눈이 오면 눈을 맞으며 몇 달간 기도를 하였다. 학교 안팎으로 여러 저항도 있었지만 우리는 굴하지 않고 기도를 했다. 그리고 다음 봄 학기, 그 염불 소리는 학교에 들리지 않았다.

또한 안양에서 청년 연합회 활동을 하고 있을 때 일이다. 회장이 섬기는 교회가 있었는데 그 교회는 안양에서도 청년들이 가장 많이 모이는 교회였다. 그래서 교회에서도 청년들의 복지를 위해 한 건물을 임대해 북 카페와 함께 다른 층은 예배와 모임 장소로 이용할 수 있게 하였다. 그러던 어느 날 1층에 게임방이 들어서면서 여러 문제가 발생하였다. 2층이 북 카페였는데 게임 소리와 담배 연기가 올라와 불쾌하게 만들었을 뿐만 아니라 게임장 손님들이 카페에 올라와 담배를 피곤 하였기 때문에 카페를 운영하는 집사님이 많이 힘들어하셨다. 그러던 어느 날 청년들을 분노케 하는 일이 벌어졌다. 게임방과 연결된 계단에서 교회 여자 청년이 게임방 손님들에게 성희롱을 당한 것이었다. 이 일이 교회에 알려지면서 여러 방책을 만들어 재발 방지를 위해 노력하였지만 안심할 수 없었다. 게임방이 나가지 않는 한 사고는 다시 일어날 수 있었기 때문이었다. 그래서 그 교회 청년들은 특별 새벽 예배에 게임방을 기도 제목으로 올려놓고 기도하기 시작하였다. 기도로 영적 함포 사격을 시작한 것이다. 나 또한 그 예배에 참석하여 영적 함포 사격을 지원하였다. 매일 수백 명의 청년이 모여서 기도로 함포 사격을 가했다. 수천, 수만 발의 포탄이 매일 게임방을 향해 발사되었던 것이다. 어떤 청년들은 이렇게 기도를 한다고 게임방이 사라질까 하는 의심도 하였지만 그 의심은 곧 믿음으로 바뀌었다. 그렇게 기도를 시작한 지 6개월이 지난 어느 날 게임방 입구에서 '임대 문의'가 붙었기 때문이다. 모두 하나님께 영광을 돌리며 기뻐하였고, 의심했던 청년은 기도의 힘을 새삼 깊이 깨닫는 기회가 되었다. 그렇게 게임방이 사라지면서 청년들은 마음 편하게 건물을 오가며 하나님을 예배할 수 있게 되었다.

오늘날 우리는 마귀와 영적 전쟁을 벌이고 있다. 이 전쟁에서 승패는 기도에 달려 있다. 윌리엄 쿠퍼(W. Cowper)는 "기도를 멈추면 싸우기를 멈추는 것이다. 기도는 그리스도인의 갑주를 빛나게 한다. 아무리 연약한 성도라도 무릎을 꿇으면 사탄은 무서워 벌벌 떤다." 라고 하였다. 또한 앤드류 머레이(A. Murray)는 "하나님의 자녀란 기도로 모든 것을 정복할 수 있다. 사탄이 교인들에게서 이 무기를 빼앗거나 그것의 사용을 제지하려고 최선을 다하는 것은 이상한 일이 아니다."라고 말했다. 이렇듯 기도는 마귀와의 영적 전쟁에서 승리할 수 있는 강력한 무기이다. 따라서 말씀의 함선에 올라타 기도의 함포로 마귀와의 영적 전쟁에서 승리하는 모두가 되길 바란다.

영적 함포로 무너트려라

마귀는 우리 삶의 모든 영역에서 역사를 하고 있다. 특히 우리 삶에 여리고 성벽과 같은 장벽을 만들어 우리를 가로막고 주저앉게 만들고 있다. 여호수아 6장 1-5절을 보자.

이스라엘 자손들로 말미암아 여리고는 굳게 닫혔고 출입하는 자가 없더라 여호와께서 여호수아에게 이르시되 보라 내가 여리고와 그 왕과 용사들을 네 손에 넘겨 주었으니 너희 모든 군사는 그 성을 둘러 성 주위를 매일 한 번씩 돌되 엿새 동안을 그리하라 제사장 일곱은 일곱 양각 나팔을 잡고 언약

궤 앞에서 나아갈 것이요 일곱째 날에는 그 성을 일곱 번 돌며 그 제사장들은 나팔을 불 것이며 제사장들이 양각 나팔을 길게 불어 그 나팔 소리가 너희에게 들릴 때에는 백성은 다 큰 소리로 외쳐 부를 것이라 그리하면 그 성벽이 무너져 내리리니 백성은 각기 앞으로 올라갈지니라 하시매(수 6:1-5).

이스라엘 백성들이 출애굽하여 가나안 땅에 들어가게 되었다. 그런데 처음 만난 성이 너무나 견고한 여리고성이었다. 이 성은 내성벽의 구조로 된 난공불락의 성이었다. 이러한 성이 앞을 가로막고 있는 상황에서, 성을 정복하지 않고서는 더 이상 전진할 수 없는 상황에 처한 것이다. 이런 상황이 되면 누구나 답답하고 막막할 것이다. 여호수아도 마찬가지였을 것이다. 이런 그에게 하나님은 어떤 대안을 제시하였는가? 어떤 작전을 수행하라고 말씀하셨는가? 여리고 성을 칠 일 동안 돌라고 하셨다. 우리 생각으로는 도저히 이해할 수 없는 작전이다. 견고한 성이기에 성을 무너뜨릴 수 있는 무기나 병거를 만들라고 하시는 것이 아닌 성을 돌라니! 참 어리석고 무모한 작전이 아닐 수 없다. 2절에서 하나님은 여호수아에게 이렇게 말씀하셨다.

여호와께서 여호수아에게 이르시되 보라 내가 여리고와 그 왕과 용사들을 네 손에 넘겨 주었으니(수 6:2).

하나님은 여호수아에게 여리고성의 왕과 군사들을 그에게 넘겨주겠다고 말씀하셨다. 이는 무엇을 말하고 있는 것인가? 이 전쟁은 하나님께 속한 전쟁이라는 것이다. 하나님이 함께하시는 전쟁임을 직시한 여호수아는 우리처럼 걱정과 염려에 쌓여 있는 이스라엘 백성들 앞에 나아가 이렇게 선포하였을 것이다. "여러분, 걱정하지 마십시오. 여러분, 염려하지 마십시오. 하나님이 여리고성을 우리에게 주실 것입니다. 하나님이 우리에게 여리고성의 왕과 군사들을 넘겨주시겠다고 약속하셨습니다."라고 말이다. 이러한 여호수아의 독려에 이스라엘 백성들은 '그래, 하나님이 함께하시는 작전이니 무엇이 두렵고 무엇을 못 하겠는가? 홍해를 가르신 분이 아닌가? 반석에서 물을 내신 분이 아닌가? 아말렉과의 전쟁에서 승리하게 하신 분이 아닌가? 40년간 구름기둥과 불기둥으로 지키시고 인도하신 분이 아닌가?'라는 생각을 하였을 것이다.

그리고 그들은 성을 돌며 침묵 속에서 어떤 생각을 했을까? 아니 어떤 기도를 하였을까? 짐작해 보면 이렇게 기도를 하지 않았을까? '그래, 하나님이 우리와 함께하신다. 홍해가 갈라진 것처럼 성벽아, 갈라져라! 그래, 하나님이 이 성을 우리에게 주신다고 하셨다. 반석이 갈라진 것처럼 성벽아, 갈라져라! 그래, 하나님이 여리고성의 왕과 군사들을 넘겨주신다고 하셨다. 우리를 가로막고 있는 성벽아, 무너져라!'라고 말이다. 그들은 영적 함포를 쏘고 또 쏜 것이다. 그리고 마지막 날 침묵하며 압축하였던 강력한 영적 함포가 발사되었을 때, 즉 큰 소리로 부르짖어 기도할 때 견고한 여리고 성벽은 파괴되고 무너져 내렸다.

이에 백성은 외치고 제사장들은 나팔을 불매 백성이 나팔 소리를 들을 때에 크게 소리 질러 외치니 성벽이 무너져 내린지라(수 6:20).

이후 이스라엘 백성들은 여리고성을 쉽게 점령할 수 있었다.

백성이 각기 앞으로 나아가 그 성에 들어가서 그 성을 점령하고(수 6:20).

이와 같이 이스라엘 백성들은 자신들의 앞을 가로막고 있었던 견고한 여리고 성벽을 어떤 한 명의 희생자도 없이 파괴하고 무너트려 성을 점령할 수 있었다. 이를 가능하게 한 것이 무엇인가? 하나님의 말씀과 기도였다. 그들은 하나님의 말씀에 따라 7일 동안 성을 돌았으며 또한 매일 기도를 통해 믿음의 포탄을 퍼부었다. 그리고 마지막 날에는 그동안 소리 없이 내면으로만 포격하였던 믿음의 포탄을 큰 소리를 내어 강력한 영적 함포를 발사하였을 때 견고한 여리고 성벽은 파괴되고 무너지고 말았다.

마귀가 우리 삶에 여리고 성벽과 같은 장벽을 만들어 앞으로 나아가지 못하도록 만들 때 우리는 어떻게 해야 하는가? 낙심하고 좌절하는 것이 아닌 여호수아처럼 말씀의 함선에 올라타야 한다. 그 말씀의 함선에 올라타 마귀가 세워 놓은 여리고 성벽과 같은 인생의 장벽을 향해 기도의 함포를 발사할 때 그 장벽은 완전히 파괴되고 무너져 내릴 것이다.

요즘 청년들이 가장 고민하는 것 중 하나가 취업하는 일이다. 나 또한 청년 시절 취업 때문에 많은 어려움을 겪었던 기억이 있다. 여러 회사에 이력서를 넣고 합격만을 간절히 바라며 기다렸지만 불합격이라는 소식을 들을 때마다 좌절감과 우울감에 빠지곤 하였다. 이런 일들이 반복되다 보니 자존감도 낮아지고 무기력해지곤 하였다.

그러던 어느 날 그날도 불합격 소식을 듣고 좌절감에 빠져 집 문을 열고 들어가려는데, 방에서 기도 소리가 들려왔다. 어머니의 기도 소리였다. "하나님, 우리 아들 도와주세요. 취업 안 돼도 좋으니 어디 가서 기죽지 않게 해 주세요. 하나님, 아들에게 용기를 주세요."라고 눈물을 흘리시며 기도를 하고 계셨다. 그 기도 소리를 듣고 있자니 마음이 복받쳐 도저히 견딜 수 없어서 교회로 달려갔다. 교회에 도착해서 하염없이 눈물만 쏟아 냈다. 그렇게 한참을 울고 있는데, 망치로 머리를 한 대 맞은 것처럼 이런 생각이 드는 것이었다. '아니, 내가 왜 이렇게 낙심하고 좌절하고 있는 걸까?' 그리고 이어지는 생각이, '아, 이것은 하나님이 주시는 것이 아니라 마귀가 주는 것이구나! 아, 이것은 마귀가 날 주저앉게 만들기 위해 세워 놓은 낙심과 좌절이라는 여리고성이구나.'라는 생각에 정신이 번쩍 들었다. 그동안 마귀에게 속아 낙심하고 절망했던 나 자신이 너무나 부끄러웠다. 그날 밤, 난 마귀가 세워 놓은 낙심과 좌절이라는 여리고 성벽을 향해 영적 함포인 기도로 밤새 포격하며 무너트렸다. 이후 난 취업의 장벽 앞에 이전과 같이 낙심하고 좌절하지 않고 도전을 지속하여 취업을 할 수 있었다.

오늘날 우리는 마귀와 종전 선언이 없는 치열한 영적 전쟁을 벌이고 있다. 그는 우리 삶의 모든 영역에서 역사를 하고 있다. 더욱이 그는 눈에 보이지 않는 존재이다. 그들을 대적할 수 있는 것은 영적인 무기밖에 없다. 말씀과 기도로 무장을 해야 한다. 특히 기도는 영적 함포로 마귀의 공격을 무력화시키는 강력한 무기이다. 마귀는 우리의 삶에 여리고 성벽과 같은 문제들을 일으켜 우리를 가로막고 주저앉게 만든다. 이러한 마귀의 공격을 우리는 영적 함포인 기도로 무너트리고, 무력화시켜 이 전쟁에서 승리해 나아갈 수 있다.

우리에게는 이미 마귀를 이긴 승리의 십자가가 있다. 즉, 예수 그리스도가 십자가에서 만들어 놓은 승리의 십자가 포탄이 우리 가운데 있다. 우리는 이 승리의 십자가 포탄을 가지고 마귀가 우리의 삶을 가로막고 주저앉게 만들어 놓은 여리고 성벽과 같은 인생의 장벽들을 향해 영적 함포인 기도에 장착하여 폭격을 가할 때 마귀가 세워 놓은 그 어떠한 장애물도 우리를 가로막지 못할 것이다.

CHAPTER
8.

두 가지 영성

"예수께서 힘쓰고 애써 더욱 간절히 기도하시니 땀이 땅에 떨어지는 핏방울 같이 되더라 기도 후에 일어나 제자들에게 가서 슬픔으로 인하여 잠든 것을 보시고 이르시되 어찌하여 자느냐 시험에 들지 않게 일어나 기도하라 하시니라(눅 22:43-46)."

생태계 교란종

우리나라 환경부에서는 생태계를 위협할 우려가 있는 동식물들을 '생태계 교란종'으로 분류하고 있다. 생태계 교란종이란 '외래 생물 중 생태계의 균형을 교란하거나 교란할 우려가 있는 생물'을 말한다. 이 생물은 한때 우리나라에서는 식용으로 수입하였는데 현재 야생에서 기하급수적으로 번식하여 토종 동물들을 감소시키는 것뿐만 아니라 생태계를 파괴하는 주범이 되고 있다. 이와 같은 일이 한국 교회 안에서도 일어나고 있다. 외래종인 침묵 기도가 한국 교회 안에 들어와 자리하게 되면서 성경적인 부르짖는 기도를 감소시키고 있기 때문이다. 처음에는 영성 개발이라는 이유로 들어왔지만 지금은 침묵 기도, 관상 기도, 묵상기도, 향심 기도라는 이름으로 기하급수적으로 퍼져 한국 교회 생태계를 교란시키고 있다.

부르짖어 기도하신 예수님

오늘날 많은 크리스천이 소리를 내서 하는 기도, 부르짖는 기도를 배격하고 배척하고 있다. 어떤 사람은 유치하고 무례한 기도, 떼를 쓰는 기도, 신앙 수준을 낮추는 기도라고 멸시, 천대하기도 한다. 그러나 성경의 수많은 인물이 믿음과 순종의 길을 가기 위해 부르짖어 기도하였을 뿐만 아니라 예수님 또한 믿음과 순종의 길을 가시기 위해 부르짖어 기도를 하셨다. 누가복음 22장 39-46절을 보자.

예수께서 나가사 습관을 따라 감람산에 가시매 제자들도 따라갔더니 그곳에 이르러 그들에게 이르시되 유혹에 빠지지 않게 기도하라 하시고 그들을 떠나 돌 던질 만큼 가서 무릎을 꿇고 기도하여 이르시되 아버지여 만일 아버지의 뜻이거든 이 잔을 내게서 옮기시옵소서 그러나 내 원대로 마시옵고 아버지의 원대로 되기를 원하나이다 하시니 천사가 하늘로부터 예수께 나타나 힘을 더하더라 예수께서 힘쓰고 애써 더욱 간절히 기도하시니 땀이 땅에 떨어지는 핏방울 같이 되더라 기도 후에 일어나 제자들에게 가서 슬픔으로 인하여 잠든 것을 보시고 이르시되 어찌하여 자느냐 시험에 들지 않게 일어나 기도하라 하시니라(눅 22:39-46).

　예수님은 십자가의 길을 앞에 두시고 제자들과 함께 감람산에 올라 기도를 하셨다. 제자들도 함께 기도하길 원하셨으나 그들은 피곤하여 잠이 들었고, 예수님은 십자가 길을 가시기 위해 눈물이 핏방울이 되기까지 간절히 부르짖어 기도를 하셨다. 이 기도 후 예수님은 십자가의 길을 가셨고, 십자가에 죽기까지 순종하셨다. 그럼 이 기도는 어떤 기도인가? 우리의 신앙 수준을 낮추는 기도가 아닌 믿음과 순종의 기도일 것이다. 그렇다면 우리는 이 기도를 배격하고 배척하는 것이 아닌 우리 신앙생활에 적극적으로 받아들이고 적용해야 할 것이다. 이런 점에서 예수님이 믿음과 순종의 길을 가시기 위해 어떻게 부르짖어 기도를 하셨는지 본문을 통해 그 세 가지를 살펴보고자 한다. 첫째로 예수님은 믿음과 순종의 길을 가시기 위해 소리를 내어 부르짖어 기도를 하셨다.

　예수님은 십자가의 고난을 앞에 두시고 인간적으로 말할 수 없는 심적 고민과 중압감 속에 있으셨다. 이런 상태에 계셨던 예수님이 토로하지 않고 침묵하며 기도를 하셨다면 그 압박감과 스트레스를 이겨 내지 못하고 어쩌면, 그 길을 가실 수 없으셨을지도 모른다. 이는 예수님과 함께 기도하러 간 제자들의 두 가지 모습에서 그 근거를 찾을 수 있다. 먼저 예수님이 고난의 십자가를 지시기 위해 부르짖어 기도하고 계실 때 제자들은 어떻게 하고 있었는가? "잠든 것을 보시고(45절)" 그들은 모두 잠을 자고 있었다. 즉, 침묵 속에 있었다는 것이다. 이후 그들은 어떻게 행동을 하였는가?

제자들이 다 예수를 버리고 도망하니라(막 14:50).

모두 예수님을 버리고 도망갔으며 베드로는 예수님을 세 번이나 부인하였다. 이런 결과적인 모습이 보여 주듯이 침묵 속에 있었던 제자들은 예수님을 따르지 못했지만, 십자가 고난을 앞에 두시고 간절히 부르짖어 기도하신 예수님은 십자가에서 죽기까지 순종의 길을 가셨다. 또 다른 하나는 제자들이 잠든 이유에서 찾을 수 있다. 마가복음에서는 그 원인을 이렇게 기록하고 있다.

그들이 자니 이는 그들의 눈이 심히 피곤함이라(막 14:40).

이는 무엇을 말하고 있는 것인가? 그들이 육체적으로 피곤하였다는 것이다. 예수님과 함께 기도하러 감람산에 갔지만 육체적으로 피곤하여 잠이 들었다는 것이다. 그럼 예수님은 육체적으로 피곤하지 않으셨을까? 그렇지 않다. 예수님은 우리의 연약한 육체를 입으시고 이 땅에 오셨다. 그로 인해 우리와 똑같이 육체의 한계를 겪으셨다. '슈퍼맨'처럼 날아다니시며 사역을 하신 것이 아닌 매일매일 마을을 옮겨 다니시면서 사역을 하셨기에 육체적 한계와 피곤함을 느끼실 수밖에 없으셨다. 예수님의 하루 일과로 들어가 보자.

그들이 가버나움에 들어가니라 예수께서 곧 안식일에 회당에 들어가 가르치시매 뭇 사람이 그의 교훈에 놀라니 이는 그가 가르치시는 것이 권위 있는 자와 같고 서기관들과 같지 아니함일러라 마침 그들의 회당에 더러운 귀신 들린 사람이 있어 소리 질러 이르되 나사렛 예수여 우리가 당신과 무슨 상관이 있나이까 우리를 멸하러 왔나이까 나는 당신이 누구인 줄 아노니 하나님의 거룩한 자니이다 예수께서 꾸짖어 이르시되 잠잠하고 그 사람에게서 나오라 하시니 더러운 귀신이 그 사람에게 경련을 일으키고 큰 소리를 지르며 나오는지라 다 놀라 서로 물어 이르되 이는 어찜이냐 권위 있는 새 교훈이로다 더러운 귀신들에게 명한즉 순종하는도다 하더라 예수의 소문이 곧 온 갈릴리 사방에 퍼지더라 회당에서 나와 곧 야고보와 요한과 함께 시몬과 안드레의 집에 들어가시니 시몬의 장모가 열병으로 누워 있는지라 사람들이 곧 그 여자에 대하여 예수께 여짜온대 나아가사 그 손을 잡아 일으키시니 열병이 떠나고 여자가 그들에게 수종드니라 저물어 해 질 때에 모든 병자와 귀신 들린 자를 예수께 데려오니 온 동네가 그 문 앞에 모였더라 예수께서 각종 병이 든 많은 사람을 고치시며 많은 귀신을 내쫓으시되 귀신이 자기를 알므로 그 말하는 것을 허락하지 아니하시니라(막 1:21-34).

예수님은 오전에는 회당에서 말씀을 가르치시고 귀신을 쫓아내셨으며, 오후에는 회당에서 나오셔서 열병으로 고생하는 시몬의 장모를 치유하셨으며, 저녁에는 예수님의 소문을 듣고 찾아온 많은 병자와 귀신 들린 사람들을 치유하셨다. 예수님은 아침부터 저녁까지 쉼 없이 사역을 하셨다. 정말 살인적인 스케줄이라고 해도 과언이 아닐 것이다. 이런 스케줄을 마치고 감람산에 기도하러 가신 예수님의 몸은 어떠하셨을까? 천근만근(千斤萬斤)이 아니셨을까? 제자들보다 더 육체적으로 피곤하고 지쳐 있으셨을 것이다. 기도의 자리에 앉자마자 피로감이 밀려와 내려오는 눈꺼풀을 이겨 내시기 쉽지 않으셨을 것이다. 그러나 예수님은 제자들과 달리 육체의 피곤 때문에 잠이 들지 않았다. 그 이유는 무엇 때문일까? 제자들과 달랐던 점은 무엇인가? 그것은, 예수님은 소리를 내어 간절히 부르짖어 기도를 하셨기 때문이다. 즉, 예수님은 소리를 내어 기도를 하셨기 때문에 육체의 피로를 이길 수 있으셨던 것이다. 예수님이 소리를 내어 기도를 하시지 않으셨다면 제자들과 같이 육체의 피로감을 이기지 못하고 잠이 들고 마셨을 것이다. 그러나 제자들과 달리 소리를 내어 부르짖어 기도를 하셨기 때문에 육체의 피로를 이길 수 있으셨던 것이다.

무게감을 내려놓으라

나는 20대 후반에 직장 생활을 하면서 3년에 걸쳐 양재에 있는 청계산과 안양에 있는 갈멜산을 오가며 산 기도를 다녔다. 어느 날은 당산에서 일을 마치고 산 기도를 가려는데 너무 피곤해서 쉬고 싶은 생각이 들었다. 그럼에도 주님을 향한 갈망이 컸기에 주님이 힘을 주실 것을 믿고 산에 올랐지만, 시간이 지나면서 조금씩 눈꺼풀이 내려오기 시작하였다. 졸음을 이기려고 이 방법, 저 방법을 사용하였지만 졸음을 이길 수 없었다. 그렇게 졸다 깨다 반복을 하면서 새벽까지 기도를 하였다. 그런데 기도를 마치고 일어나려니 몸이 너무 무거워 일어나는 것조차 힘들었다. 그런 몸으로 내려와 출근 준비를 한 후 강남에 있는 회사에 출근을 하였다. 오전임에도 몸이 무겁고 피곤하고 졸리기만 하였다. '오후가 되면 좋아지겠지.' 생각을 하였지만 아니었다. 오후가 되어서도 몸의 피곤함으로 인해 예민해지고 일에 능률이 오르지 않아 아주 힘든 하루를 보내야만 했다.

또 어느 날은 인천, 수원, 분당, 안양을 오가며 영업을 하고 산 기도를 간 적이 있었다. 그날은 많이 다닌 것도 있지만 새로운 거래처를 다니며 영업을 하였기에 더 피곤하고 힘들었다. 그런 몸으로 산에 오르니 몸이 천근만근이 되어 버렸다. 늘 기도하던 바위에 앉아 잠깐 쉬고 기도를 하려고 하는데 눈꺼풀이 또 내려오기 시작하였다. 이러면 또 밤새 졸 것 같고 내일 하루를 망칠 것 같았다. 더욱이 그때는 겨울이어서 자면 저체온증으로 인해 위험해질 수도 있었다. 그래서 졸음과 추위를 몰아내기 위해 일어나 부르짖어 기도하기 시작하였다. 부르짖다 보니 졸음도 사라지고 몸도 뜨거워지기 시작하였다. 더 놀라운 것은 무엇인지 아는가? 그렇게 부르짖다 보니 성령님의 은혜가 임했다는 것이다. 성령님이 밤새 기도를 붙잡아 주셔서 새벽까지 힘들지 않게 기도를 할 수 있었다. 그렇게 기도를 마치고 새벽 5시가 넘어 산에서 내려와 출근을 하였다. 그런데 그날은 밤새 부르짖어 기도를 하였고, 잠을 자지도 않았는데도 몸이 가볍고 피곤하지도 않았다. 더욱이 신기한 것은 일을 하면서도 피곤함을 느끼지 않았다.

이는 예수님도 마찬가지라고 생각한다. 만약 예수님이 소리를 내어 부르짖어 기도를 하지 않으셨다면 육체의 피로감을 해소하지 못한 채 십자가를 지셨을 것이다. 그 무게감을 상상해 보라. 십자가 무게뿐만 아니라 육체의 피로함까지 가중되어 그 십자가의 길은 더 힘들고 고통스러우셨을 것이다. 그렇지만 소리를 내어 부르짖어 기도하셨기 때문에 육체의 피로함뿐만 아니라 심적인 무게감까지 내려놓고 믿음과 순종의 길, 십자가의 길을 가실 수 있으셨던 것이다. 우리가 신앙생활을 한다는 것은 믿음과 순종의 길을 간다는 것이다. 어느 때는 버겁고 힘들게만 느껴질 때가 있다. 왜 아니겠는가? 예수님도 심리적, 정신적, 육체적인 무게감을 느끼셨다. 그러나 예수님은 소리를 내어 부르짖어 기도하심을 통해 그 무게감들을 내려놓고 믿음과 순종의 길을 가셨다. 우리도 예수님처럼 소리를 내어 부르짖어 기도할 때 그 무게감들을 내려놓고 믿음과 순종의 길을 갈 수 있을 것이다.

땀이 핏방울이 되다

둘째로 예수님은 믿음과 순종의 길을 가시기 위해 땀이 핏방울이 될 때까지 부르짖어 기도를 하셨다. 즉, 간절히 부르짖어 기도를 하셨다는 것이다. 어느 날 헬스장에서 운동을 하는데 그날은 왠지 무게를 더 들고 싶어서 옆에서 함께 운동하는 동생에게 무게를 들 때 바벨을 잡아 달라고 했다. 그렇게 무게를 점점 올리다 보니 무려 240kg까지 들어 올리게 되었다. 무게를 들 때 스트레스와 긴장감은 말로 표현할 수 없지만 들어 올리고 난 후 오는 성취감과 희열은 말로 표현할 수 없다. 그렇게 운동을 마치고 샤워를 하기 위해 티셔츠를 벗는 순간 깜짝 놀랐다. 왜냐하면 가슴과 어깨에 있는 모세혈관이 모두 터져 있었기 때문이다. 무거운 무게로 인해 모세혈관이 버티지 못해 터져 버린 것이다. 너무 놀라서 관장님에게 물어보니 고중량을 들다 보면 몸이 스트레스를 받아 생기는 일이라고 하셨다.

그리고 신학교 시절, 이와 똑같은 경험을 하였다. 점심 식사를 마치고 수업에 들어가려는데 한 통의 전화가 걸려 왔다. 내가 섬기고 있는 청년부의 회장이었다. 울먹이면서 하는 말이 교회 집사님이 자살을 하셨다는 것이다. 그 집사님은 내가 맡고 있는 청년의 어머니이기도 하셨다. 더욱이 그분은 내게 고마운 분이셨다. 어머니가 입원을 하셨을 때 찾아와 위로와 힘을 주셨으며 또한 목회자의 길을 가고 있는 나에게는 늘 응원과 칭찬을 아끼지 않으셨던 분이셨다. 그런데 그분이 자살을 하셨다니 너무 슬프고 아팠다. 수업이 있어 강의실에 들어갔지만, 강의가 귀에 들어오지 않았다. 마음을 주체할 수 없었다. 도저히 견딜 수가 없어 그 자리에서 일어나 학교 강당으로 향했다. 하나님 앞에 그 슬픔과 아픔을 토로하였다. "하나님! 하나님의 자녀들에게 왜 이런 일이 일어나나요? 왜 이런 슬픔과 고통을 겪어야 하나요?" 그러면서 더 간절하게 "하나님, 제 목회에 이런 일이 일어나지 않게 해 주세요. 한 영혼도 잃어버리지 않게 해 주세요!"라고 부르짖고 있는데 하나님이 환상을 보게 하셨다. 그 환상은 깊이를 알 수 없는 협곡이 있었는데, 그곳을 잇는 아치형 구름다리 위에서 두 진영이 치열한 전투를 벌이고 있었다. 자세히 보니 한쪽은 천사의 진영, 반대쪽은 사탄의 진영으로 그 다리를 통해 서로가 상대 진영으로 들어가려고 하고 있었다. 구름다리 중앙에서 서로 밀고 밀리는 매우 치열하고 팽팽한 전투였다. 순간 이것은 한 영혼을 놓고 벌어지는 영적 전쟁이라는 것을 직감하였다. 그래서 천사의 진영을 위해 중보하기 시작하였다.

그런데 이상한 것은 내가 간절히 기도할 때는 사탄의 부하들이 추풍낙엽(秋風落葉)처럼 떨어져 천사들이 밀고 들어갔고 기도가 시들어지면 천사들이 그렇게 되어 사탄의 부하들이 밀고 들어가는 것이었다. 그 장면을 보고 더 간절히 중보를 하였다. 정말 온 힘을 다해 목숨 걸고 기도를 하였다. 그렇게 간절히 부르짖어 기도하는 가운데 결국 천사들이 사탄의 진영으로 밀고 들어가게 되었다. 나도 그 전쟁에 참여한 듯했다. 몇 시간을 그렇게 온 힘과 땀을 쏟으며 기도를 하였는지 모른다. 정신을 차리고 시간을 보니 기숙사 점검 시간이 되어 기숙사로 향했다. 그리고 씻으려고 거울을 보는데 깜짝 놀랐다. 가슴과 어깨에 있는 모세혈관이 다 터져 있었던 것이다. 더욱이 그때는 눈에 있는 혈관까지 터져 있어 더 놀랐다. 그러나 전에 운동을 하면서 경험한 현상과 비슷했기에 걱정은 하지 않았다. 이후 몇 차례 더 이와 같은 경험을 하였다. 이런 경험들을 하고 난 후 예수님의 겟세마네 기도를 다시금 생각하게 되면서 예수님이 그 길, 즉 믿음과 순종의 길을 가시기 위해 얼마나 간절히 기도를 하셨는지 조금이나마 알 수 있었다. 누가복음 22장 44절을 다시 보자.

예수께서 힘쓰고 애써 더욱 간절히 기도하시니 땀이 땅에 떨어지는 핏방울 같이 되더라(눅 22:44).

예수님은 십자가의 길, 믿음과 순종의 길을 가시기 위해 힘쓰고 애써 더욱 간절히 땀이 핏방울이 되실 때까지 간절히 부르짖어 기도를 하셨다. 그렇다면 우리는 어떠한가? 믿음과 순종의 길을 가기 위해 얼마나 힘쓰고 애쓰고 있는가? 그 길을 가기 위해 예수님처럼 땀이 핏방울이 될 때까지 기도를 해 본 적이 있는가? 아니면 철야 기도를 해 본 적이 있는가? 아니 땀이라도 흘린 적이 있는가? 믿음과 순종의 길은 결코 쉬운 길이 아니다. 힘쓰고 애쓰지 않으면 갈 수 없는 길이다.

습관이 된 기도

셋째로 예수님은 믿음과 순종의 길을 가시기 위해 지속적으로 부르짖어 기도를 하셨다. 우리는 일반적으로 예수님이 십자가를 지시기 전날 밤에만 간절히 부르짖어 기도를 하셨다고 생각한다. 그렇지 않다. 예수님은 그날 밤만 심적 고민과 중압감 가운데 있으셨던 것이 아니다. 예수님은 공생애 기간 동안 그 마음 가운데 있으셨다. 예수님은 사역 중간중간에 제자들에게 십자가의 길을 말씀하셨다. 먼저 빌립보 가이사랴에서 말씀하셨다.

이 때로부터 예수 그리스도께서 자기가 예루살렘에 올라가 장로들과 대제사장들과 서기관들에게 많은 고난을 받고 죽임을 당하고 제삼일에 살아나야 할 것을 제자들에게 비로소 나타내시니(마 16:21).

다음으로 갈릴리에서이다.

갈릴리에 모일 때에 예수께서 제자들에게 이르시되 인자가 장차 사람들의 손에 넘겨져 죽임을 당하고 제삼일에 살아나리라 하시니 제자들이 매우 근심하더라(마 17:22-23).

그리고 예루살렘으로 올라가시면서 말씀하셨다.

예수께서 예루살렘으로 올라가려 하실 때에 열두 제자를 따로 데리시고 길에서 이르시되 보라 우리가 예루살렘으로 올라가노니 인자가 대제사장들과 서기관들에게 넘겨지매 그들이 죽이기로 결의하고 이방인들에게 넘겨 주어 그를 조롱하며 채찍질하며 십자가에 못 박게 할 것이나 제삼일에 살아나리라(마 20:17-19).

이와 같이 예수님은 공생애 기간 동안 제자들에게 십자가의 길, 믿음과 순종의 길을 말씀하시며 그 길을 준비하셨다. 그 길을 말씀하시는 예수님의 마음은 어떠하였겠는가? 바꾸어서 말하면 심적 고민과 중압감을 느끼셨다는 것이다. 이러한 예수님이 기도를 하실 때 어떻게 하셨겠는가? 침묵하며 기도를 하지 않으셨을 것이다. 특히 십자가의 길을 얼마 남겨 놓지 않은 기간에는 그 심적 고민과 중압감이 최고이셨기에 더 간절히 부르짖어 기도를 하셨을 것이다. 이는 히브리서 5장 7절이 말해 주고 있다.

그는 육체에 계실 때에 자기를 죽음에서 능히 구원하실 이에게 심한 통곡과 눈물로 간구와 소원을 올렸고 그의 경건하심으로 말미암아 들으심을 얻었느니라(히 5:7).

예수님은 십자가의 길, 믿음과 순종의 길을 가시기 위해 지속적으로 부르짖어 기도를 하셨다. 그렇지 않으면 십자가를 지시기 전날 밤 그런 부르짖는 기도를 하지 못하셨을 것이다. 내가 운동을 하면서 처음부터 240kg을 든 것이 아니다. 처음 시작은 20kg짜리 바벨 바부터 시작하여 몇 년에 걸쳐 무게를 조금씩 늘리다 보니 240kg을 들 수 있었다. 즉, 하루아침에 된 것이 아니라는 것이다. 13년간 꾸준히 운동을 하면서 근력을 키웠기에 가능했던 일이었다. 또한 강당에서 모세혈관이 파열될 정도로 간절히 부르짖어 기도할 수 있었던 것은 그날만 그렇게 부르짖어 기도한 것이 아니다. 12년 동안 교회와 산에서 부르짖어 기도를 했기 때문에 그런 기도를 할 수 있었던 것이다. 하루아침에 되는 기도가 아니다. 한번 해 보면 알 것이다. 소리를 내지 않던 사람이 소리를 내어 부르짖어 기도를 하려면 목에서부터 소리가 막힌다는 것을 말이다. 꾸준히 소리 내어 기도하지 않으면 부르짖어 기도할 수가 없다.

이런 점은 예수님도 마찬가지라고 생각을 한다. 예수님도 꾸준히 소리를 내어 기도를 하지 않으셨다면 그 마지막 밤 그렇게 모세혈관이 파열될 정도로 부르짖어 기도를 할 수 없으셨을 것이다. 예수님도 부르짖는 기도가 습관이 되어 있으셨다는 것이다. 그럼 우리는 믿음과 순종의 길을 가기 위해 어떤 영적 습관을 가지고 있는가? 예수님은 십자가의 길, 믿음과 순종의 길을 가시기 위해 부르짖는 기도가 습관이 되어 있으셨다. 우리도 믿음과 순종의 길을 가기 위해 부르짖는 기도가 습관이 되길 바란다.

침묵 기도

오늘날 많은 교회와 크리스천이 '침묵 기도'를 지향하고 있다. 이 기도의 배경에 대해 김남준 교수는 이렇게 설명한다.

"많은 학자는, 관상 기도의 뿌리가 중세 초기 중동 지역의 광야에서 생활하던 사막 교부들에게서 기원한다는 판단에 일치를 보고 있다. 이러한 초기 기독교 수도사들의 명상법과 생활의 규칙은 고대 힌두교와 불교의 수행자들의 기법과 상당한 유사성을 가지고 있다. 이집트의 알렉산드리아(Alexandria)를 중심으로 한 4세기의 은둔 수도사들이었던 이들은, 세속을 떠나 침묵과 관상을 강조하며 인간이 모든 욕망으로부터 해방되어 근심과 걱정의 방해를 받지 않고 하나님의 임재 안에 거하기를 추구해야 한다고 주장하였다. 그들은 모든 재산과 가족들을 포기하고 세속과의 접촉을 최대한 단절한 채로 억제된 수면과 고행, 그리고 노동을 통하여 수덕(修德)에 힘썼다."

여기서 우리가 주목해야 하는 것은 우리의 본(本)이 되시는 예수님은 은수자도 수사도 어떤 유형의 금욕주의자도 아니셨다는 것이다. 은수자들은 탈세상화를 하고 사막으로 가서 침묵과 금식과 고행을 통해 생활을 하였지만, 예수님은 그렇지 않으셨다. 그들과 정반대의 삶을 사셨다. 예수님은 세상 속에서 복음을 전파하시고 가르치시고 치유하시는 일을 하셨다. 또한 사도들과 초대교회 그리스도인들은 어떠하였는가? 세상에서 복음을 증거하다 박해를 받고 순교를 당하기까지 하였다. 사도들이 은둔 생활을 하였다면 복음이 로마까지 전파되지 못했을 것이며 우리 또한 복음을 듣지 못했을 것이다. 오스왈드 챔버스(O. Chambers)는 《주님은 나의 최고봉》이란 책에서 이렇게 말했다. "진짜 영성은 수도원으로 들어가는 것이 아니라 이 세상 한가운데서 사는 것이다."라고 말이다.

관상 기도의 위험성에 대해 김남준 교수는 이렇게 지적한다. "오늘날 관상 기도의 실천에 대하여 우려하는 바는 그것이 종교적 신비주의나 인본주의적 심리학, 나아가서 종교 다원주의와의 관련 속에서 이루어지고 있다는 점이다." 그리고 합신대 이승구 교수는 "관상 기도는 인간의 노력과 하나님의 도움이 합하여 정화, 주입, 합일의 단계에로 나아가려는 반펠라기우스주의적인 가톨릭적 사상을 토대로 하고 있다."라고 말한다. 이런 신학적 문제가 대두되고 있음에도 오늘날 많은 교회와 크리스천이 관상 기도와 같은 침묵 기도를 받아들이고 행하고 있다. 이는 우리가 추구해야 하는 영성이 아닌 것이다.

기독교는 침묵의 종교가 아니다

예수님은 십자가의 길, 믿음과 순종의 길을 가시기 위해 간절히 부르짖어 기도를 하셨다. 그런데 우리는 침묵 기도를 하며 십자가의 길, 믿음과 순종의 길을 가겠다는 것은 너무 어불성설(語不成說)이 아닌가? 정말 아이러니하지 아니한가? 우리의 구원자이신 예수 그리스도는 믿음과 순종의 길을 가기 위해 간절히 부르짖어 기도를 하셨는데, 정작 그분을 통해 구원받은 우리, 그분을 통해 구원을 이루어 갈 우리는 침묵 기도로 그 길을 가겠다는 것이 말이다. 누가 하나님이며 누가 구원받을 백성인가를 간과하고 있는 듯하지 아니한가? 우리가 간과하지 말아야 한다. 십자가에서 침묵은 하나님이 하셨고, 그리스도는 죽기까지 순종하기 위해 간절히 부르짖어 기도를 하셨다는 것을 말이다(시 22:1).

우리 구원의 길에 침묵은 주님이 하신다. 그러나 주님은 그 침묵 가운데에서도 우리를 위해 일을 행하신다. 우리는 그것을 알지 못하기에 그분의 뜻을 알고 순종하기 위해 부르짖어 기도를 하는 것이다. 이것이 바로 기독교인 것이다. 침묵의 상태에서 신적인 합일을 추구하는 것은 기독교가 아니다. 예수님은 자신의 구원 앞에 침묵 기도를 하신 것이 아니라 부르짖어 기도하셨다. "그는 육체에 계실 때에 자기를 죽음에서 능히 구원하실 이에게 심한 통곡과 눈물로 간구와 소원을 올렸고 그의 경건하심으로 말미암아 들으심을 얻었느니라(히 5:7)." 또한 예수님은 죽음 직전에도 아버지께 자신의 생명을 맡겨 드리며 부르짖어 기도를 하셨다. "예수께서 큰 소리로 불러 이르시되 아버지 내 영혼을 아버지 손에 부탁하나이다 하고 이 말씀을 하신 후 숨지시니라(눅 23:46)."

기독교는 침묵의 종교가 아니다. 부르짖는 종교이며, 외치는 종교이다. 말씀, 찬양, 예배, 기도, 선교, 이 모든 것은 외칠 때 역사가 일어난다. 즉, 성령님의 강력한 역사가 일어나게 된다. 오늘날 한국 교회 안에서 행해지고 있는 침묵 기도는 관상 기도, 묵상기도, 향심 기도이다. 이름만 바꾸어서 사용되고 있다. 성경에 없는, 인간이 고안

해 낸 기도이다. 하나님은 우리에게 부르짖어 기도하라고 말씀하셨다. 침묵하며 하나님을 찾으라고 말씀하지 않으셨다. "네가 부를 때에는 나 여호와가 응답하겠고 네가 부르짖을 때에는 내가 여기 있다 하리라(사 58:9).", "너는 내게 부르짖으라 내가 내게 응답하겠고 네가 알지 못하는 크고 은밀한 일을 네게 보이리라(렘 33:3)." 우리 구원의 길은 결코 쉬운 길이 아니다. 어느 때는 버겁고 힘들게만 느껴질 때가 있다. 이것을 잘 보여 주신 분이 예수님이 아닌가? 그러나 예수님은 그때마다 하나님을 간절히 부르짖어 찾았다. 우리 모두 구원의 길에 바른 영성을 추구하여 구원의 날까지 승리하는 모두가 되길 바란다.

PART
3

부르짖을 때 치유가 임한다

CHAPTER 9.

무의식 속의 나를 사랑하라

"예수께서 이르시되 딸아 네 믿음이 너를 구원하였으니 평안히 가라 네 병에서 놓여 건강할지어다(막 5:34)."

내 안의 그림자

덴마크 출신으로 '동화의 아버지'라고 불리는 안데르센(H. Andersen)이 쓴 《그림자》라고 하는 동화가 있다. 어느 날 학자가 더운 나라로 여행을 떠난다. 여행을 하면서 그는 자신의 그림자가 사라지는 경험을 하고 참 신기한 일이라고 생각을 하였지만 그는 사라진 그림자를 그렇게 신경을 쓰지 않았다. 그런데 문제는 여행을 마치고 온 학자에게 사라진 그림자가 돌아오면서부터 시작이 된다. 다시 돌아온 그림자는 사람의 모습으로 치장을 하고 자신의 성공담을 과시하며 털어놓고는 홀연히 또다시 떠나 버린다. 그렇게 몇 년이 지난 어느 날, 그림자가 학자를 다시 찾아온다. 그림자는 학자에게 이런 제안을 한다. 자신이 여행에 관한 모든 경비를 지불할 테니 자신의 그림자가 되어 함께 여행을 떠나자고 한 것이다. 학자는 그림자의 제안을 거부한다. 그림자는 다시 떠나고 학자는 하는 일마다 실패하고 몸은 병이 들고 말았다.

이런 학자에게 그림자가 다시 찾아와 휴식을 위해 온천 여행을 떠나자고 제안을 하고 학자는 그 제안을 받아들여 그림자가 주인이 되고 학자는 그림자가 되어 여행을 떠난다. 온천에 도착한 그들은 그곳에서 한 공주를 만나게 된다. 공주는 그림자에게 관심을 보이고 결국 그림자와 결혼을 하기로 결심을 한다. 이 소식을 그림자를 통해 들은 학자는 강하게 반대를 하고 모든 비밀을 알리겠다고 말을 하지만 학자의 말을 믿어 줄 사람은 하나도 없었다. 결국 그림자는 공주와 화려한 결혼식을 하게 되고 학자는 결혼식을 보지 못하고 주인이 된 그림자에게 죽임을 당하는 비극적인 이야기이다.

이 동화를 읽으면서 우리 안에 있는 '무의식(Unconscious)'이 생각이 났다. 무의식이란 의식이 도달할 수 없는 영역이면서 인간 행위와 감정에 지속적으로 영향을 주는 영역을 말한다. 무의식은 우리를 지속적으로 찾아와 우리의 행위와 감정에 영향을 끼친다. 그림자가 학자를 지속적으로 찾아와 그의 행위와 감정에 영향을 끼친 것처럼 말이다. 그러나 문제는 어떤 무의식, 어떤 그림자가 지속적으로 찾아오는가이다. 칼 융(C. G. Jung)은 우리를 찾아오는 무의식의 그림자는 우리의 '억압된 인격'으로 인정 욕구, 열등감, 죄책감, 공포, 불안, 수치심 등과 같은 것이라고 말한다. 그렇다면 여기서 우리가 주목해야 하는 것은 이런 무의식의 그림자가 찾아올 때 우리는 어떻게 하고 있는가이다. 이것이 중요한 것은 무의식의 그림자를 어떻게 상대하는가에 따라 우리의 삶뿐만 아니라 신앙생활이 완전히 달라지기 때문이다.

억압을 하고 있는 그림자

심리학에서 말하는 '착한 크리스천 병'이라는 것이 있다. 이 병의 특징은 모든 것을 참는 것에 있다. '예수 믿는 사람이 이러면 안 되지! 예수 믿는 사람이 은혜가 되어야지! 예수 믿는 사람이 본이 되어야지!'라고 하며 참는 것이다. 그러나 믿음 없이 이렇게 하는 것은 자신을 병들게 하는 행위이다. 왜냐하면 자신을 억압하는 행위이기 때문이다. 가끔 기도하는 사람들을 보면 기도하는 시간 내내 끊임없이 대적 기도만 하는 사람들이 있다. 무엇이 그들을 그렇게 괴롭히고 힘들게 하고 있기에 대적 기도를 하고 있는 것일까? 나는 융이 말하는 그림자, 즉 '억압된 인격'이 찾아왔기 때문이라고 생각한다.

융은 '억압된 인격'은 '또 다른 자신의 모습'이라고 말한다. 바꾸어서 말하면 '상처로 얼룩진 나'라는 것이다. 이런 나를 향해 대적 기도를 하고 있다는 것은 너무나 잘못된 기도를 하고 있는 것이다. 상처로 얼룩진 나는 결코 적이 아니다. 이는 억압으로 인해 상처받은 나를 또다시 억압하는 자해적 행위이다.

대적 기도를 하면 그때는 무엇인가 해결되는 것 같지만 얼마 지나지 않아 그 그림자는 다시 찾아온다. 그것도 자주 말이다. 떠났던 그림자가 학자를 이전보다 더 자주 찾아와 괴롭혔던 것처럼 말이다. 그때마다 대적 기도로 그림자를 상대하고 나를 억압하며 살아간다면 우리의 영혼은 어떻게 되겠는가? 마가복음 5장 25-34절을 보자.

열두 해를 혈루증으로 앓아 온 한 여자가 있어 많은 의사에게 많은 괴로움을 받았고 가진 것도 다 허비하였으되 아무 효험이 없고 도리어 더 중하여 졌던 차에 예수의 소문을 듣고 무리 가운데 끼어 뒤로 와서 그의 옷에 손을 대니 이는 내가 그의 옷에만 손을 대어도 구원을 받으리라 생각함일러라 이에 그의 혈루 근원이 곧 마르매 병이 나은 줄을 몸에 깨달으니라 예수께서 그 능력이 자기에게서 나간 줄을 곧 스스로 아시고 무리 가운데서 돌이켜 말씀하시되 누가 내 옷에 손을 대었느냐 하시니 제자들이 여짜오되 무리가 에워싸 미는 것을 보시며 누가 내게 손을 대었느냐 물으시나이까 하되 예수께서 이 일 행한 여자를 보려고 둘러 보시니 여자가 자기에게 이루어진 일을 알고 두려워하여 떨며 와서 그 앞에 엎드려 모든 사실을 여쭈니 예수께서 이르시되 딸아 네 믿음이 너를 구원하였으니 평안히 가라 네 병에서 놓여 건강할지어다(막 5:25-34).

예수님 당시 12년 동안이나 혈루증으로 고생하는 여자가 있었다. 그녀는 병을 고치기 위해 많은 의사를 찾아다녔지만 병을 고치지 못하였을 뿐만 아니라 그사이 가진 재산을 모두 허비하였으며 병은 더 악화가 되었다. 그 당시 혈루증은 문둥병과 같이 사회적으로 부정한 병으로 간주되어 타인과 접촉을 금지하였다. 이로 인해 그녀의 가족뿐만 아니라 친구와 친척들까지 그녀를 멀리하고 떠나 버렸을 것이다. 자신의 잘못도 아닌데 부정한 여자라고, 저주받은 여자라고 취급받으며 온갖 모욕과 멸시, 천대를 받으며 살아온 그녀는 몸의 질병보다 마음에 더 큰 상처들을 받으며 살았을 것이다. 어쩌면 그녀 스스로도 자신에게 죄가 있어서 이런 고통을 받는 것이 아닌가 하는 생각도 하였을 것이다.

이런 그녀에게 한 줄기 희망의 소식이 들려왔다. 예수님이라는 분이 병든 자들을 치유하신다는 소문을 들은 것이다. 무엇을 망설일까? 한걸음으로 예수님이 계신 곳으로 찾아가 인파 가운데 계신 예수님을 발견한다. '저분이구나! 저분이 예수님이구나! 저분의 옷자락이라도 만지면 치유를 받을 수 있을 거야.' 하는 믿음을 가지고 그녀는 인파 사이를 비집고 들어가 예수님의 옷자락을 만진다. 이후 그녀에게 어떠한 일이 벌어졌는가?

이에 그의 혈루 근원이 곧 마르매 병이 나은 줄을 몸에 깨달으니라(마 5:29).

그녀는 병에서 완전하게 치료함을 받았다. 여기서 우리가 주목해야 하는 것이 있다. 그녀가 치유를 받을 수 있었던 일, 즉 예수님의 옷자락을 만지는 일은 결코 쉬운 일이 아니었다는 것이다. 그녀는 혈루증을 앓고 있는 부정한 여자였다. 사회적으로 문둥병과 같이 타인과 접촉이 금지되어 있었던 여자였다. 이런 그녀가 예수님께 나아가는 일은 결코 쉬운 일이 아니었다. 만약 사람들에게 들키기라도 한다면 부정한 여자라고 침을 뱉고, 어떤 사람은 입에 담을 수 없는 욕을 하며 쫓아냈을 것이다. 어쩌면 돌에 맞아 죽을 수도 있었다. 모든 사람이 그녀를 부정한 여자라고 억압적으로 대했을 것이다. 그러나 예수님은 그녀가 부정한 여자라는 것을 아시면서도 다르게 대하셨다. 34절에서 예수님은 그녀에게 이렇게 말씀하셨다.

딸아...!

이 얼마나 친근하고 포근한 말인가? 예수님은 그녀를 향해 "딸아...!"라고 부르셨다. 어떠한 폭력적인 말이나 행동이 아닌 아버지가 딸을 부르듯이 말이다. 그 말을 들은 그녀의 마음은 어떠하였을까? 몸의 질병뿐 아니라 마음의 상처까지 치유되지 않았을까? 10년 넘게 질병으로 고생을 하였다. 더욱이 그 병으로 인해 주변 사람들에게 씻을 수 없는 마음의 상처와 억압을 받으며 살았다. 이런 그녀를 예수님은 따뜻하게 품어 주신 것이다. 이를 통해 우리가 알 수 있는 것은 무엇인가? 그림자, 즉 '상처 입은 나'는 억압의 대상이 아니라 품어 주어야 하는 대상이며 '예수님의 치유가 필요한 나'라는 것이다.

죄로 취급하는 그림자

우리가 대적 기도를 하는 이유 중 하나는 그림자를 죄로 생각하기 때문이다. 그러나 앞에서 언급한 것과 같이 그림자는 '억압된 인격', '상처로 얼룩진 나'이다. 대적할 대상이 아니라는 것이다. 상처는 억압과 미움의 대상이 아니라 위로와 치유의 대상이 되어야 한다. 요한복음 8장 3-9절을 보자.

　서기관들과 바리새인들이 음행중에 잡힌 여자를 끌고 와서 가운데 세우고 예수께 말하되 선생이여 이 여자가 간음하다가 현장에서 잡혔나이다 모세는 율법에 이러한 여자를 돌로 치라 명하였거니와 선생은 어떻게 말하겠나이까 그들이 이렇게 말함은 고발할 조건을 얻고자 하여 예수를 시험함이러라 예수께서 몸을 굽히사 손가락으로 땅에 쓰시니 그들이 묻기를 마지 아니하는지라 이에 일어나 이르시되 너희 중에 죄 없는 자가 먼저 돌로 치라 하시고 다시 몸을 굽혀 손가락으로 땅에 쓰시니 그들이 이 말씀을 듣고 양심에 가책을 느껴 어른으로 시작하여 젊은이까지 하나씩 하나씩 나가고 오직 예수와 그 가운데 섰는 여자만 남았더라(요 8:3-9).

　이 말씀을 보면 한 여자가 간음 중에 서기관과 바리새인들에게 잡혀 예수님 앞에 끌려 나오게 되었다. 그들은 예수님께 그녀를 어떻게 하면 좋을지 묻는다. 율법에 의하면 그녀는 간음 중에 잡혀 왔기 때문에 돌에 맞아 죽어야 했다. 그러나 예수님은 그들에게 "너희 중에 죄 없는 자가 먼저 돌로 치라(7절)."라고 말씀하셨다. 의기양양했던 그들은 예수님의 이 한마디에 모두 떠나고 예수님과 그녀만 남는다. 그리고 예수님은 그녀에게 이렇게 말씀하신다.

　여자여 너를 고발하던 그들이 어디 있느냐 너를 정죄한 자가 없느냐 나도 너를 정죄하지 아니하노니(요 8:10-11).

여기서 우리가 주목해야 하는 것은 예수님과 바리새인들이 그녀의 죄를 대하는 모습이다. 바리새인들은 그녀를 어떻게 대했는가? 돌로 쳐 죽이려고 하였다. 더욱이 그녀는 간음 중에 잡혀 왔으니 얼마나 부끄럽고 창피했을까? 옷도 제대로 입지 못하고, 살기가 가득한 남자들에 의해 잡혀 끌려 나왔으니 얼마나 수치심과 두려움에 떨고 있었을까? 이뿐 아니라 자신을 두고 돌로 치려는 사람들의 눈빛을 보며 얼마나 공포심을 느꼈을까? 이런 그녀에게 예수님은 어떻게 대하셨는가? 예수님은 그녀의 죄에 대하여 그 어떤 상처 주는 말이나 행동을 하지 않으셨다. 다만 "다시는 죄를 범하지 말라(11절)."라고 하셨다. 이런 모습을 본 여자의 마음은 어떠하였을까? 바리새인들에게 억지로 잡혀 오면서 받은 여러 마음의 상처가 치유되고 씻기지 않았을까? 꼼짝없이 돌에 맞아 죽는 줄 알았던 자신을 따뜻하게 대해 주시는 예수님을 통해서 말이다. 우리가 그림자를 죄로 취급하여 억압하고 대적을 한다면 누가 '억압된 나', '상처로 얼룩진 나'를 위로하고 품어 주겠는가? 상처는 죄가 아니다.

몇 년 전에 미투 운동이 사회적 이슈가 된 적이 있다. 이는 세상적인 문제뿐만 아니라 기독교 안에서도 벌어지고 있는 일이었다. 목사라는 권위를 이용해 성도들에게 성추행과 성폭력을 행하고 있는 것이다. 하나님은 이런 악행을 저지르고 있는 목사들을 어떻게 바라보실까? "그런 짓 하지 마.", "그 악행에서 돌아서."라고 하실 것이다. 이와 다르게 피해자들에게는 "너의 잘못이 아니야.", "너의 죄가 아니야.", "너는 피해자야."라고 하시며 위로해 주실 것이다. 이들은 '상처 입은 영혼', '상처 입은 그리스도인'이기 때문이다.

우리는 죄와 상처를 함께 보는 경향이 있다. 그러나 죄와 상처는 다르다. 해결하는 방법도 완전히 다르다. 죄는 회개를 통해 돌아서는 것이지만, 상처는 치유되어야 한다. 성폭력을 행한 가해자는 그 죄를 하나님 앞에 철저히 회개하고 돌아서는 것이지만 성폭력을 당한 피해자는 예수님의 위로와 치유가 필요한 것처럼 말이다.

궁극적으로 죄와 상처는 예수님의 십자가로 향할 때 해결할 수 있다. 우리에게 그림자가 찾아올 때 대적 기도를 한다면 '상처로 얼룩진 나'는 위로와 치유를 받는 것이 아닌 더 큰 상처와 고통을 받게 된다. 그럼 어떻게 해야 하는가? 기도의 초점이 바뀌어야 한다. 상처를 생각하며 기도하는 것이 아닌 예수님을 바라보며 기도를 해야 한다. 즉, 기도의 초점을 상처에 두는 것이 아닌 나를 치유하신 예수님을 바라보며 기도를 할 때 위로와 치유를 받을 수 있는 것이다.

그가 찔림은 우리의 허물 때문이요 그가 상함은 우리의 죄악 때문이라 그가 징계를 받으므로 우리는 평화를 누리고 그가 채찍에 맞으므로 우리는 나음을 받았도다(사 53:5).

만약 여러분에게 '억압된 나', '상처 입은 나'가 찾아온다면 혐오하고 미워하지 말고 예수님께로 나아가길 바란다. 그는 누구보다도 예수님이 필요한 '상처 입은 자신'이라는 것을 잊지 말기 바란다.

방임을 하고 있는 그림자

오래전 함께 사역을 했던 전도사님이 있었다. 그 전도사님은 고등부에 부임한 이후 열심히 사역을 하였다. 그렇게 하다 보니 고등부가 부흥하게 되었고, 나뿐만 아니라 다른 전도사님들에게도 부러움의 대상이 되었다. 그러던 어느 날부터 부목사님이 전도사님을 대하는 모습이 달라지기 시작하였다. 사역을 계획하고 진행하려고 하면 지원은커녕 자신이 전에 다 해 본 것이라고 하며 부정적으로 말을 하고 허락해 주지 않았다.

한번은 고등부실에서 아이들과 성경 공부를 하고 있는데 구역장 모임이 있다고 하며 다른 곳에 가서 하라고 하는 것이었다. 구역장님들은 다른 곳에 가서 모임을 하자고 하는데 말이다. 굳이 고등부실에서 해야만 하는 이유가 없었다. 이해할 수 없는 비상식적인 일들을 하며 전도사님을 힘들게 하였다. 이러한 일들이 있을 때마다 전도사님은 참고 인내하며 사역을 하였다. 하나님이 자신을 만들기 위해 연단하는 것이라고 생각을 하며 넘어가곤 하였다. 그러나 자신도 모르게 전도사님의 마음에는 은혜가 아닌 상처가 쌓여 갔고 얼마 지나지 않아 전도사님은 사임을 하고 교회를 떠나셨다.

또한 교회에 한 자매가 있었다. 그 자매는 착하고 무슨 일을 시키면 말없이 열심히 하는 자매였다. 그러다 보니 주위에 있는 교사들이나 성가대원들까지 바쁜 일이 있으면 그 자매에게 부탁을 하곤 하였다. 그러던 주일 아침, 성가대 연습실에서 이런 일이 있었다. 그 자매는 알토 파트를 맡고 있었는데 소프라노를 맡고 있던 집사님이 급한 일이 생겨서 그 자매에게 부탁을 한 것이다. 그런데 연습 중에 그 자매 파트에서 계속 틀리자 주위에서 수군거리는 소리가 들리기 시작하였다. "알토인데 왜 소프라노를 해.", "못하는 걸 왜 한다고 했어.", "그냥 알토 하라고 해!"라는 말들이 오가는 것이었다. 예배 시간은 점점 다가오고 자매는 어쩔 줄 몰라 하며 당황한 기색을 보였다. 성가대장이 한 번 더 해 보자고 용기를 주었지만 결국 소화하지 못했다. 성가대에 서 있는 자매의 모습이 너무 안쓰럽고 불쌍하게 보였다. 그 일이 있고 얼마 지나지 않아 그 자매는 교회에서 보이지 않았다.

그 자매를 떠올리면서 이런 생각이 들었다. 정말 그 파트를 하고 싶었을까? 마음속에서는 이런 말들을 하고 싶지 않았을까? '나 하기 싫어요. 나 알토 파트잖아요. 다른 사람에게 부탁을 하면 안 될까요. 나 정말 하기 싫어요.'라고 말이다. 하지만 자매는 거절하지 못해 그 모든 일을 겪어야만 했다. 이런 일이 성가대에서만 있었던 것이 아닐 것이다. 그때마다 상처, 즉 그림자는 커져만 갔고 결국 그림자가 거대해져 자매를 삼켜 버린 것이 아닐까? 이와 같이 그림자를 방임하게 되면 그림자가 커져서 자신을 삼키게 된다. 그럼 어떻게 하면 무의식의 그림자가 커지는 것을 방지할 수 있는가? 시편 62편 8절에 이런 말씀이 있다.

백성들아 시시로 그를 의지하고 그의 앞에 마음을 토하라 하나님은 우리의 피난처시로다(시 62:8).

이어 142편 2절이다.

내가 내 원통함을 그의 앞에 토로하며 내 우환을 그의 앞에 진술하는도다
(시 142:2).

무의식의 그림자가 커지는 것을 방지하기 위해서는 마음에 있는
억울함과 분함, 근심과 걱정을 하나님께 나아가 토로해야 한다. 예
수님으로 말미암아 치유를 받아야 한다는 것이다. 위에서 말한 전도
사님은 상처를 받아도 그 모든 것은 은혜라고 생각하며 넘어갔다.
결국 어떻게 되었는가? 그 상처가 쌓여 교회를 떠나야 했다. 자매는
어떠한가? 모든 것을 참고 인내하며 신앙생활을 하였지만 결국 그림
자가 자매를 삼켜 버렸다. 우리가 신앙생활을 하면서 가장 소중히 여
기며 지켜야 하는 것이 마음이다. 잠언에 이런 말씀들이 있다.

모든 지킬 만한 것 중에 더욱 네 마음을 지키라 생명의 근원이 이에서 남
이니라(잠 4:23).

마음의 즐거움은 얼굴을 빛나게 하여도 마음의 근심은 심령을 상하게 하
느니라(잠 15:13).

이럼에도 오늘날 크리스천이 가장 소홀히 하고 돌보지 않는 것이
마음이다. 웬만하면 참고 웬만하면 다 은혜라고 생각하며 넘어가려
고 한다. 그러나 우리 마음에 은혜가 쌓이는 것이 아닌 상처와 아픔

들이 쌓인다는 것을 알아야 한다. 가정, 학교, 직장에서 일어나는 일뿐만 아니라 교회에서조차 상처와 아픔을 받고 있는 것이 현실이다. 이러한 현실에서 믿음을 잃어버리지 않고 믿음을 지키기 위해 더 관심을 가지고 돌보고 지켜야 하는 것이 마음이다. 우리는 마지막 때를 살아가고 있다. 우리의 믿음을 지키기 위해서는 무엇보다 자신의 마음을 돌보아야 한다. 이를 위해 무의식 속의 나를 외면하지 말고, 상처로 얼룩진 나를 더 위로하고 돌볼 때 모두 승리해 나아갈 수 있을 것이다.

약점을 보완하라

"근신하라 깨어라 너희 대적 마귀가 우는 사자 같이 두루 다니며 삼킬 자를 찾나니(벧전 5:8)."

약육강식

우리의 삶은 약육강식(弱肉强食)이 존재하는 정글과도 같다. 가끔 TV를 보면 사자가 동물을 잡아먹는 장면을 보게 된다. 먹잇감을 발견한 후 움츠리고 있다가 전속력으로 달려가 목덜미를 물어 숨통을 끊고, 먹잇감을 무자비하게 뜯어 먹는 사자의 모습은 잔인하기까지 느껴진다. 사자는 초식 동물이라고 해서, 연약한 동물이라고 해서, 상처 입은 동물이라고 해서 배려해 주지 않는다. 배고픈 사자에게는 그들은 단지 잡아먹기 쉬운 먹잇감일 뿐이다. 이는 마귀도 동일하다.

곧 그들이 너를 길에서 만나 네가 피곤할 때에 네 뒤에 떨어진 약한 자들을 쳤고 하나님을 두려워하지 아니하였느니라(신 25:18).

우리가 약하다고 해서 상처 입은 상태라고 해서 마귀는 우리를 배려해 주지 않는다. 다만 배고픈 사자처럼 사냥하기 쉬운 먹잇감일 뿐이다.

근신하라 깨어라 너희 대적 마귀가 우는 사자 같이 두루 다니며 삼킬 자를 찾나니(벧전 5:8).

여기서 '근신하라'는 헬라어로 '넵사테'로 '정신을 바짝 차리라'라는 뜻이다. 무엇을 말하고 있는 것인가? 배고픔에 굶주린 사자가 먹잇감을 찾는 것같이 마귀가 우리를 삼키기 위해 호시탐탐(虎視眈眈) 기회만 노리고 있다는 것이다. 언제 달려와 우리의 목덜미를 물어뜯을지 모른다. 마귀는 우리의 연약한 부분을 잘 알고 있다. 그래서 우리의 약한 부분을 보완하지 않으면 마귀의 먹잇감이 되어 공격의 대상이 된다. 마귀는 우리가 약점이 있다고 해서 이해해 주고 배려해 주는 존재가 아니다. 더 집요하게 파고들어 사망에 이르게 하는 존재이다.

수동적 방어

사사기를 보면 삼손이라는 인물이 등장한다. 그가 이스라엘 사사로 있는 동안 블레셋은 이스라엘을 침공할 수 없었다. 왜냐하면 삼손에게는 그들이 감당할 수 없는 힘이 있었기 때문이다.

삼손이 레히에 이르매 블레셋 사람들이 그에게로 마주 나가며 소리 지를 때 여호와의 영이 삼손에게 갑자기 임하시매 그의 팔 위의 밧줄이 불탄 삼과 같이 그의 결박되었던 손에서 떨어진지라 삼손이 나귀의 새 턱뼈를 보고 손을 내밀어 집어들고 그것으로 천 명을 죽이고(삿 15:14-15).

블레셋 사람들에게 삼손은 두려운 존재인 동시에 눈엣가시 같은 존재였다. 그래서 그들은 삼손을 죽이기 위해 호시탐탐 기회만 엿보고 있었다. 그러던 어느 날 블레셋 왕에게 이런 소문이 들려왔다.

삼손이 소렉 골짜기의 들릴라라 이름하는 여인을 사랑하매(삿 16:4).

삼손이 블레셋 여자 들릴라를 사랑한다는 이야기를 들은 것이다. 그래서 블레셋 왕은 들릴라를 회유하여 삼손의 힘의 근원이 무엇인지 알아내도록 하였다.

블레셋 사람의 방백들이 그 여인에게로 올라가서 그에게 이르되 삼손을 꾀어서 무엇으로 말미암아 그 큰 힘이 생기는지 그리고 우리가 어떻게 하면 능히 그를 결박하여 굴복하게 할 수 있을는지 알아보라 그리하면 우리가 각각 은 천백 개씩을 네게 주리라 하니(삿 16:5).

여기서 '들릴라'라는 이름은 원어로 '약한 자', '약하게 하는 자'라는 뜻을 가지고 있다. 무엇을 말해 주고 있는가? 들릴라는 삼손을 약하게 하는 여자라는 것이다. 이런 여자를 사랑한 삼손은 결국 어떻게 되었는가? 머리가 깎이고 눈이 뽑히는 비참한 신세가 되고 말았다.

그 원인은 무엇인가? 그것은 삼손의 미온적 태도, 즉 수동적 방어 때문이었다. 적국의 여자 들릴라가 힘의 근원이 무엇이냐고 물었을 때 삼손은 세 번이나 미온적인 태도로 일관하였다. 사실 삼손의 입장에서 생각해 보면 이런 생각을 해야 했다. '어? 이 여자, 왜 자꾸 나의 비밀을 알려고 하지!', '어 이 여자 수상한데, 혹시 블레셋 스파이 아냐!'라고 말이다. 그런데 삼손은 아무런 의심도 하지 않고 들릴라의 치마폭에 빠져 있었다. 적극적으로 방어하지 않고 수동적으로 방어를 하였던 것이다. 이를 통해 우리가 알 수 있는 것은 수동적인 방어는 적극적인 공격을 낳는다는 것이다. 삼손의 미온적 태도, 즉 수동적 방어는 들릴라의 적극적인 공격을 낳았다. 이는 무엇을 말하는가? 마귀의 집요한 공격의 대상이 되었다는 것이다.

우리도 마찬가지이다. 우리의 약한 부분을 보완하지 않고 치유하지 않으면 마귀의 집요한 공격 대상이 된다. 들릴라가 삼손의 약점을 집요하고 끈질기게 파고든 것처럼 말이다. 마귀는 우리의 약점을 알고 있다. 그는 지금도 우리의 연약한 부분을 파고들고 있다. 그

것이 약점이든 상처이든 말이다. 나는 어릴 적 다른 아이들보다 몸이 작았다. 초등학교 4학년 때까지는 이름조차 쓰지 못했다. 이로 인해 아이들은 나를 저능아 취급하며 놀리곤 하였다. 이런 상태로 중학교에 들어가니 친구들의 괴롭힘은 더 심해졌다. 운동을 하는 아이들은 물 주전자 심부름을 시켰고, 탁구를 치는 친구들은 탁구공까지 주워 오게 하였다. 마음속으로는 죽기보다 하기 싫었지만, 싫다는 말을 하지 못했다. 내가 방어하는 것이라곤 웃는 것이 전부였다. 하기 싫어도, 싫다는 말을 하지 못하고 웃으며 넘겼다. 이렇게 수동적으로 행동을 하다 보니 친구들은 내가 좋아서 하는 줄 알고 계속 시켰다. 즉, 나의 수동적 방어는 친구들의 적극적인 공격을 낳게 만들었던 것이다.

어느 날은 영어 수업 시간이 다 되어서 반에서 공부를 제일 잘하는 친구가 다가오더니 영어 사전을 빌려달라고 해서 아무 생각 없이 사전을 빌려주었다. 수업이 시작되고 선생님은 사전을 가져오지 않은 학생은 앞으로 나오라고 하셨다. 그래서 친구에게 사전을 돌려달라고 눈짓을 했더니 도리어 화를 내며 나보고 나가라고 하는 것이었다.

나는 수업에 방해될까 봐 하는 수 없이 나가게 되었는데 이후 일어난 일은 내 평생 잊을 수 없는 상처가 되었다. 친구들 앞에 서 있는 것도 창피한데 선생님은 사전을 가져오지 않았다는 이유로 뺨을 수차례 때리셨다. 그 뺨을 맞고 사전을 빌려 간 친구를 보니 그 친구는 씩 웃고 있었다. 마치 마귀가 웃고 있는 것처럼 말이다.

약점을 보완하다

이렇게 수동적으로 방어하던 나는 어떤 계기로 인해 적극적으로 방어하는 사람으로 변화되었다. 고등학교를 졸업한 후 누나가 운영하는 공장에서 일하던 어느 날, 누나가 건네준 입영 통지서를 받고 한 5분여간 그 자리에서 움직일 수가 없었다. 왜냐하면 순간 섬뜩하게 옛 기억들이 스쳐 지나갔기 때문이다. 그 기억은 떠올리기도 싫은 중학교 때 겪었던 상처와 아픔들이었다. 이런 상태로 군대에 가면 중학교 때 겪었던 일들을 다시 겪을 수 있다는 두려움이 엄습해 왔다. 그래서 고민 끝에 입영을 연기하고 나의 약점을 보완하기로 했다. 작은 몸을 키워서 군대에 가기로 마음을 먹은 것이다. 그러나 내성적인 나에게는 헬스장을 등록하는 것도 힘든 일이었다. 큰마음을 먹고 헬스장에 등록하기 위해 문을 열고 들어서는데, 한쪽에서는 바벨을 드는 괴성과 함께 다른 쪽에서는 펌핑된 몸들이 나를 주눅 들게 만들었다. 순간 멈칫하며 여기서 운동할 수 있을까 하는 생각이 들었다. 하지만 이런 생각도 잠시, 이 모든 상황을 뛰어넘는 것이 있었다. 그것은 과거의 아픔을 다시 겪고 싶지 않다는 마음이었다. 그래서 마음을 다잡고 등록하기로 했다. 첫날은 너무 욕심을 냈는지 산소가 부족하여 쓰러지기도 하였다. 너무 과하게 운동을 하였던 것이다.

내가 운동을 할 때는 PT(Personal trainer)라는 개념이 없었다. 그래서 관장님에게 자세를 배워 운동하던 시절이었다. 그렇다고 매일 관장님에게 운동을 가르쳐 달라고 하기도 미안했다. 그래서 옆에서 운동하는 선배들에게 자세를 배워 운동을 하였다. 그것도 많은 고심과 망설임 끝에 용기를 내 한 말이었다. 마음속으로 '가르쳐 주지 않으면 어떻게 하지! 거절당하면 어떻게 하지! 너무 창피한데 운동을 그만두어야 하나!' 이런 생각들로 며칠 동안을 고심하다가 망설임 끝에 용기를 내 건넸던 기억이 난다.

그러나 걱정과 달리 선배들은 친절하게 자세를 가르쳐 주었다. 나만 근심과 걱정을 한 것이다. 몸을 키우기 위해 정말 열심히 운동을 하였다. 하루도 빠지지 않고 중량을 늘려 가며 운동을 하였다. 그렇게 2년 넘게 꾸준히 운동을 하다 보니 몸이 헐크가 되었다. 이두, 삼두가 벌크업이 되면 쇠 파이프로 쳐도 그 파이프가 튕겨 나갈 정도로 근육을 만들었다. 그렇게 근육을 만들어 징병검사를 받기 위해 검사장에 가게 되었다. 그런데 그곳에 들어서는 순간 숨이 막히고 심장이 터질 것같이 빨리 뛰기 시작하였다.

왜냐하면 반갑지 않은 얼굴들이 있었기 때문이다. 중학교 때 나를 괴롭혔던 친구들이 먼저 와 있었던 것이다. 신체검사를 받기 위해서는 어쩔 수 없이 그 친구들 사이를 지나쳐야 했다. 가까이 가는데 심장이 터질 것 같았다. 하지만 이상한 것은 내가 옆을 지나치는데도 그들은 나를 알아보지 못했다. 오히려 내가 지나가는데 그들이 옆으로 비키는 이상한 장면이 연출되었다.

그럴 법도 한 것이 옛날의 내가 아니었기 때문이다. 작고 왜소한 내가 아닌 그들보다 더 큰 몸으로 나타났기에 그들이 알아보지 못했던 것이다. 징병검사를 받고 나오는데 너무 기뻤다. 그동안의 수고와 과거의 상처와 아픔들이 한순간에 씻겨 나가는 기분이었다. 이후 군에 입대해서도 운동한 효과로 군 생활을 편하게 할 수 있었다.

치유의 소리

운동은 나의 인생에 터닝 포인트(Turning point)가 되었다. 운동을 하면서 외적으로만 변한 것이 아니라 내적으로도 변화가 일어났기 때문이다. 즉, 내면(아픈 자아)의 소리를 내지 못했던 내가 내면의 소리를 내게 된 것이다. 이런 변화는 생각지도 못했던 일이었다. 외적으로 강해지기 위해 운동을 하였는데 나도 모르게 내적으로도 치유가 일어나게 된 것이다.

변화의 시작은 무거운 무게를 들면서부터 시작되었다. 어느 날 평소보다 중량을 높여 드는데 나도 모르게 비명과 같은 소리가 터져 나왔다. 그 소리 덕분에 힘겹게 느껴졌던 무게를 쉽게 들어 올릴 수 있었다. 더욱이 이상한 것은 마음이 너무 후련하였다는 것이다. 무엇인가 마음속에 눌려 있던 것이 터져 나오는 기분이었다. 후련함과 동시에 상쾌함까지 느껴졌다. 이후로 무거운 무게를 들 때마다 자연스럽게 소리를 내면서 운동을 하였고, 가끔 컨디션이 좋아 고중량을 들 때는 더 큰 소리를 내며 운동을 하였다. 그때마다 함께 운동하는 파트너뿐만 아니라 옆에서 운동하시는 분들까지 함께 횟수를 세어 가며 응원해 주었다. 그때부터 마음의 소리를 내는 것을 두려워하지 않았던 것 같다. 왜냐하면 사람들이 내 소리에 반응을 해 주고 응원해 주었기 때문이다. 칭찬은 고래도 춤추게 한다는 말처럼 말이다. 무게를 들 때 사람들의 응원과 격려는 내가 내면의 소리를 낼 수 있도록 용기를 주었던 것이다.

이런 점에서 생각해 보면 사람이 힘들 때 자연스럽게 나오는 것이 비명 소리이다. 난 그동안 그 소리를 내지 못하다가 힘겨운 무게를 들어 올릴 때 터져 나왔던 것이다. 지금에 와서 생각해 보면 그 소리를 통해 내 안의 억압된 감정들이 표출되었던 것 같다. 즉, 상처나 아픔이나 기쁨과 성취감 등을 표현하였던 것이다. 그 비명 소리는 나의 외적인 모습만 변화시킨 것이 아니라 내적으로도 변화를 가져오게 만들었다.

치유해야 승리할 수 있다

마귀는 우리가 상처가 있다고 해서 배려해 주지 않는다. 그 아픈 곳을 더 파고드는 존재이다. 그렇기 때문에 상처를 치유하지 않으면 마귀의 지속적인 공격의 표적이 된다. 그럼 우리는 어떻게 해야 하는가? 하나님께 가지고 나아가야 한다. 하나님께 그 상처를 가지고 나아가 부르짖어 기도할 때 치유함을 받을 수 있다.

여호와 내 하나님이여 내가 주께 부르짖으매 나를 고치셨나이다(시 30:2).

그러나 오늘날 크리스천들은 부르짖어 기도하는 것을 부끄럽게 생각하고 꺼린다. 어떤 사람들은 수준 낮은 기도, 무식한 사람들이 소리만 지르는 기도라고 생각하기도 한다. 그러나 성경은 그렇게 말하지 않는다.

내가 소리 내어 여호와께 부르짖으며 소리 내어 여호와께 간구하는도다 내가 내 원통함을 그의 앞에 토로하며 내 우환을 그의 앞에 진술하는도다(시 142:1-2).

우리 옷에 커피나 김칫국물이 묻었다면 어떻게 하는가? 당연히 빨아야 한다. 또한 상한 음식을 먹었다면 어떻게 하겠는가? 당연히 토해야 한다. 그렇다면 영혼의 상처는 어떻게 해야 하는가? 보이지 않는 영혼의 상처를 어떻게 치유할 수 있는가? 그것은 기도이다. 보이지 않는 영혼의 상처를 기도로 토해 내는 것이다. 한나가 토설한 것처럼, 다윗이 부르짖은 것처럼 영혼 안에 있는 상처와 아픔을 토설할 때 치유의 역사가 일어나게 되는 것이다. 오늘도 마귀는 우리의 연약한 부분을 보고 있다. 그것이 상처이든 약점이든 말이다. 기회만 오면 그곳을 집중적으로 공격할 것이다. 우리의 상처와 약점을 치유하지 않고 보완하지 않은 채 수동적으로 방어를 한다면 마귀의 적극적이고 지속적인 공격의 대상이 될 것이다. 우리는 구원을 이루기까지 마귀와의 싸움을 피할 수 없다. 이 싸움에서 우리가 승리하기 위해 무엇보다도 우리의 취약 부분을 보완하고 치유해야 할 것이다.

CHAPTER
11.

어머니에게 임한 부흥

"베드로가 이르되 은과 금은 내게 없거니와 내게 있는 이것을 네게 주노니 나사렛 예수 그리스도의 이름으로 일어나 걸으라 하고 오른손을 잡아 일으키니 발과 발목이 곧 힘을 얻고 뛰어 서서 걸으며 그들과 함께 성전으로 들어가면서 걷기도 하고 뛰기도 하며 하나님을 찬송하니 모든 백성이 그 걷는 것과 하나님을 찬송함을 보고(행 3:6-9)."

부흥이란

'부흥'이라는 말은 교회에서 자주 사용하는 단어이다. 많은 크리스천이 부흥이라는 말을 사용하지만 그 뜻을 잘 알지 못하고 사용하는 경우가 많다. 대부분의 크리스천은 부흥을 숫자적인 성장이라고 생각한다. 그러나 성경이 말하는 부흥은 숫자적인 성장이 아니다. 하박국 3장 2절을 보자.

여호와여 내가 주께 대한 소문을 듣고 놀랐나이다 여호와여 주는 주의 일을 이 수년 내에 부흥하게 하옵소서 이 수년 내에 나타내시옵소서(합 3:2).

성경에서 부흥이라는 단어가 나오는 유일한 곳이다. 여기에서 '부흥'이라는 단어는 히브리어로 '카야'인데, '숨 쉬다', '살다'란 뜻 외에 파생적 의미로 '다시 살다', '부활하다', '건강을 회복하다', '고침을 받다'라는 뜻이 있다. 하박국 선지자는 조국 유다가 타락하고 범죄함으로 인해 바벨론으로 잡혀가 고통을 겪게 될 것을 알게 되었다. 다른 나라에 포로로 끌려가 산다는 것은 죽은 것이나 다름이 없을 것이다. 이런 사실을 알게 된 하박국 선지자는 이들의 부흥을 위해 간구를 한 것이다. 즉, 죽은 것이나 다름없는 자기 조국 유다가 빠른 시일 안에 회복될 수 있도록 하나님께 간구를 하였던 것이다. 따라서 '부흥'이란 숫자적으로 늘어나는 것이 아니라 죽은 것이나 다름없는 것이 다시 살아나는 것을 말한다.

병든 어머니

어머니는 여러 지병을 앓고 계셨다. 그러던 중 엎친 데 덮친 격으로 어머니는 몇 년에 걸쳐 세 번이나 교통사고를 당하셨다. 이로 인해 어머니는 한쪽 다리에 장애를 가지게 되셨고 그 장애로 인해 우울증과 함께 대인기피증까지 생기셨다. 이뿐만이 아니라 이전에 가지고 계셨던 지병이 더 악화되셔서 치매 증세까지 보이셨다. 이런 어머니를 보면서 내가 할 수 있는 것이 하나도 없다는 것이 나를 너무 힘들게 하였다.

 나는 파트타임으로 사역을 하였는데, 월요일부터 금요일까지는 대전에서 공부를 하였고, 주말에는 어머니가 계신 안양으로 가서 사역을 하였다. 이렇다 보니 사역이 끝나면 다시 대전으로 내려가야 했기에 어머니를 홀로 남겨 두고 학교로 내려갈 때마다 마음이 너무나 괴롭고 힘들었다. 어느 날은 어머니가 배웅을 하신다며 아픈 다리를 이끌고 나오셔서 손을 흔드시는데 차마 발걸음이 떨어지지 않았다. 무거운 마음을 가지고 대전으로 향하는 기차에서, 늘 마음에 담고 있었던 일이었지만, 그날은 더욱더 어머니를 홀로 두면 안 되겠다는 생각이 들었다. 홀로 계시다가 무슨 일이라도 생기면 손쓸 방법이 없었기 때문이다. 어쩌다 교회분들이 다녀가셨지만 그것으로 안심이 되지 않았다. 그리고 나를 더 괴롭게 했던 것은 아들이 사역자인데, 하나님의 종으로 부르심을 받았는데, 사랑하는 어머니가 저렇게 아프고 힘들어하시는데 고치지 못한다면 어떻게 하나님의 종이 되겠느냐는 생각이었다.

 이런저런 생각으로 마음이 복잡하던 중 학교 채플을 드리는데 설교 본문 말씀이 주님의 음성으로 들려왔다. 그 말씀은 창세기 12장 1절, "여호와께서 아브람에게 이르시되 너는 너의 고향과 친척과 아버지의 집을 떠나 내가 네게 보여 줄 땅으로 가라"였다. 그동안 병든 어머니를 보면서도 여러 현실적인 상황들 때문에 이사를 망설이고 있었던 나에게 하나님이 어떻게 해야 하는지 말씀해 주시는 것 같았다. 그래서 그 감동에 따라 섬기던 교회를 사임하고 어머니를 모시고 대전으로 이사하기로 결심했다. 그렇게 이삿짐을 싣고 내려오는 차 안에서 나는 하나님께 이런 서원 기도를 하였다. '하나님! 이 종, 앞으로 어머니 한 분만을 위해 목회를 하겠습니다. 어머니가 치유될 때까지 하나님만을 의지하며 사역을 하겠습니다.'라고 말이다. 어쩌면 이해할 수 없는 기도일 수 있다. 그러나 다른 것보다도 나 자신이 어머니가 치유되지 않는다면 목회에 자신이 없었다. 그렇지만 마음 한 구석에서는 하나님이 어머니를 치유하실 것이라는 믿음도 있었다.

기도 외에 다른 방법이 없다

그렇게 어머니와 함께 대전으로 이사를 했지만 여러 상황이 힘들게 하였다. 먼저 고정된 수입이 없었기에 생활하는 것이 걱정이었다. 사역지를 이곳저곳 알아보았지만 나이가 많다 보니 쉽게 구해지지 않았다. 특히 우울증으로 고생하시는 어머니를 넓은 집도 아닌 원룸에 모셨으니 그 병이 악화되지 않을까 하는 걱정을 안 할 수 없었다.

아니나 다를까! 얼마 지나지 않아 치매 증세가 악화되기 시작하셨다. 정말 앞이 캄캄하고 막막했다. 그러나 이대로 주저앉고 싶지 않았다. 더욱이 사랑하는 어머니의 인생이 치매로 끝나는 것을 보고 싶지 않았다. 효도한 것도 잘해 드린 것도 없는데 치매로 고생하시다가 인생을 마치게 할 수 없었다. 그날 밤 기도 처소로 나아가 어머니의 치유를 위해 간절히 기도하였다. 그렇게 기도하는 중 주님이 주시는 말씀이 있었다. 그 말씀은 마가복음 9장 29절, "이르시되 기도 외에 다른 것으로는 이런 종류가 나갈 수 없느니라 하시니라."였다. 기도를 마치고 집으로 돌아와 그 말씀의 은혜를 어머니와 나누며 어머니에게 함께 기도를 하자고 제의를 드렸다.

어머니는 늘 기도하시던 분이셨다. 그런데 교통사고 후유증으로 인해 우울증이 오면서 기도를 하지 못하셨다. 내심 '거절하시면 어떻게 하지.' 싶은 마음도 들었지만, 어머니는 "기도를 해야지, 기도를 해야 살지."라고 하시며 흔쾌히 승낙을 하셨다.

그래서 다음 날부터 어머니와 함께 밤 12시부터 새벽 4시까지 철야 기도를 시작하였다. 어머니는 주님이 고쳐 주실 것을 믿고 에스더와 같이 '죽으면 죽으리라.'라는 결심으로 기도를 하셨고, 나는 기도하시는 어머니 뒤에서 중보로 기도에 힘을 실어 드렸다. 그런데 이런 사정을 안 동기들이 감사하게도 중보 기도를 해 주겠다며 철야 기도에 동참을 해 주었다. 그렇게 한두 주 지나면서 처음에는 소리조차 내지 못하시던 어머니가 점점 소리를 내어 기도하기 시작하셨다. 어느 날은 밤새 소리를 내어서 기도를 하기도 하셨다. 너무나 신기한 일이 아닐 수 없었다. 그동안 우울증 때문에 잠깐 대화하는 것조차 힘들어하시던 분이 이제 밤새 소리를 내서 하나님과 대화를 하시는 것이었다. 더구나 연세가 팔십이 넘으시고, 고혈압, 당뇨, 우울증까지 있으신 분이 밤새 소리 내어 기도하신다는 것은 하나님의 은혜가 아닐 수 없었다. 정말 에스더와 같이 하나님을 의지하지 않고서는 할 수 없는 기도이다. 그래서 함께 기도하는 동역자들이 어머니에게 '에스더 권사님'이라는 별명을 지어 주었다.

그렇게 철야 기도를 시작한 지 세 달이 지난 어느 날 밤 놀라운 일이 일어났다. 그날 밤도 평소와 같이 어머니는 앞에서, 난 뒤에서 기도를 하고 있었는데, 갑자기 어머니의 기도 소리가 커지기 시작했다. 그리고 교회 본당이 떠나가도록 뜨겁게 기도를 하셨다. 어머니에게 성령의 불이 임하신 것이었다. 성령의 불이 임하신 어머니의 모습에서 병든 모습이라고는 찾아볼 수 없었다. 성령님이 어머니를 완전히 장악하신 상태이셨다. 그리고 그 성령의 불은 옆에 있던 동역자들에게 옮겨붙어서 다 같이 뜨겁게 기도를 하며 성령 충만을 경험케 하였다. 마치 오순절, 마가의 다락방을 연상케 했다. 아니, 21세기 마가의 다락방이었다. 얼마나 뜨겁게 기도를 하였는지 새벽 4시가 훌쩍 지나고 있었다. 기도를 더 하고 싶었지만 교회에 새벽 예배가 있어 급히 기도를 마무리하고 나왔다. 그런데 여기서 성령님의 역사는 끝나지 않고 집으로 향하는 길에 또다시 일어났다. 어머니는 교통사고로 왼쪽 다리에 장애를 입으셔서 지팡이를 의지하며 걸으셨다. 그날도 늘 그랬듯이 한쪽 손은 내 손을 잡고 한쪽은 지팡이를 짚으시며 걸으셨다. 그런데 어머니가 갑자기 몸이 가벼워지신다며 내 손을 놓는 동시에 잡고 있던 지팡이까지 던져 버리시며 뛰시는 것이었다. 정말 놀라운 광경이었다. 팔십이 넘으신 분이 그것도 밤새 철야 기도를 하시고, 한쪽 다리에 장애가 있으신 분이 뛰신다는 것은 기적이 아닐 수 없었다. 사도행전 3장의 역사를 보는 것 같았다.

베드로가 이르되 은과 금은 내게 없거니와 내게 있는 이것을 네게 주노니 나사렛 예수 그리스도의 이름으로 일어나 걸으라 하고 오른손을 잡아 일으키니 발과 발목이 곧 힘을 얻고 뛰어 서서 걸으며 그들과 함께 성전으로 들어가면서 걷기도 하고 뛰기도 하며 하나님을 찬송하니 모든 백성이 그 걷는 것과 하나님을 찬송함을 보고(행 3:6-9).

어머니는 "할렐루야~ 할렐루야~ 주님께 영광, 주님께 영광!"을 외치며 뛰시고, 철야 기도를 함께한 동역자들은 그 기적을 보고 "할렐루야~ 할렐루야~ 주님께 영광, 주님께 영광!"을 외치며 함께 기뻐 뛰며 주님을 찬양하였다. 그곳이 바로 부흥의 현장이었다. 죽은 것이나 다름없었던 어머니가 다시 살아났으니 말이다.

영적인 병이 든 한국 교회

오늘날 한국 교회는 위기라고 한다. 전도가 안 된다, 부흥은 어렵다, 더 나아가 한국 교회는 끝났다는 말들을 하고 있다. 그 이유는 무엇일까? 무엇 때문에 한국 교회는 위기를 맞고 있는 것일까? 그 이유는 영적인 병이 들었기 때문이다. 어머니는 교통사고 후유증으로 우울증, 대인기피증, 치매와 같은 질병들을 앓으셨다. 지금의 한국 교회도 마찬가지이다. 크고 작은 교통사고와 같은 사건들의 후유증으로 영적 우울증(Spiritual depression), 영적 대인기피증(Spiritual sociophobia), 영적 치매(Spiritual dementia)와 같은 영적인 병들을 앓고 있다. 이를 차례대로 살펴보자.

먼저 영적 우울증이다. 우울증은 침울한 기분이나 의욕 저하 따위가 지속되는 증상을 말한다. 《청년들이 교회를 떠나는 33가지 이유》라는 책이 있다. 그 책에서 청년들이 교회를 떠나는 이유 중 하나는 "성도들이 모였다고 하면서 서로 질투하고 싸우는 모습을 본 후 교회에 가지 않는다."라고 한다. 성도란 헬라어로 '하기오스'인데 거룩한 무리(구별된 무리)라는 뜻이다. 그러나 그들이 모였다고 하면서 서로 미워하고 시기하고 질투하는 모습을 보면서 우울해지고 흥미를 잃어 교회를 떠나고 있는 것이다. 즉, 청년들이 영적 우울증에 걸려 교회를 떠나고 있는 것이다. 청년들뿐만 아니라 오늘날 가나안 성도가 226만 명이나 된다고 한다. 이들이 교회를 나가지 않는 이유는 여러 가지가 있겠지만 그 가운데 가장 큰 비중을 차지하는 것이 영적 우울증 때문일 것이다. 교회만 생각하면 우울해지는 것이다.

다음은 영적 대인기피증이다. 대인기피증은 사회공포증이라고도 한다. 대인기피증은 다른 사람을 상대하는 것에 대한 두려움과 불안을 느껴 가능한 그러한 상황을 피하려는 증상을 말한다. 왜 한국 교회가 영적 대인기피증에 걸리게 되었는가? 그 원인 중 하나는 목회자들 때문이라고 할 수 있다. 앞의 책에서 청년들이 교회를 떠나는 또다른 이유 중 하나는 "목회자에 대해 신뢰감이 생기지 않아 교회에 가지 않는다."라는 것이다.

신뢰와 존경이 바탕이 되어야 하는 목회자이어야 하는데 그렇지 못한 것이다. 목회자들 가운데 도덕적이고 윤리적인 문제로 교회에서 쫓겨나거나 특히 성범죄를 저질러 사회적 이슈가 되는 일이 공공연하게 일어나고 있다.

이런 일들로 인해 교인들뿐만 아니라 세상 사람들까지 목회자에 대한 신뢰를 저버리게 하고 있다. 만약 이런 교회에 출석하는 교인이라면 전도할 수 있을까? "우리 교회에 나오세요. 우리 목사님, 참 인격적이고 성품이 좋으신 분이에요."라고 말을 할 수 있을까? 더욱이 예수님을 믿지 않는 가족이나 친척, 친구들이 안다면 창피해서 얼굴조차 들고 다니기 힘들 것이다. 신뢰와 존경의 대상이 되어야 하는 목회자들의 잘못된 행동으로 인해 교인들이 영적 대인기피증을 앓고 있는 것이다.

그리고 오늘날 한국 교회가 앓고 있는 영적인 병은 영적 치매이다. 치매의 대표적인 증상은 기억력 상실로 인해 무기력한 삶이 되는 것이다. 우리나라는 일제강점기가 끝나고 얼마 지나지 않아 한국전쟁을 치르면서 모든 것이 폐허가 되어 극빈 가운데 살아야 했다. 교회도 마찬가지였다. 그러나 하나님은 한국 교회에게 세계 교회사에서 유례를 찾을 수 없는 부흥과 성장을 부어 주셨다. 그 이유는 무엇일까? 하나님이 한국 교회를 특별히 더 사랑해서 그런 은혜를 주신 걸까? 아니다. 그렇다면 하나님은 무엇 때문에 한국 교회에게 부흥을 주셨는가? 거기에는 하나님을 향한 뜨거운 갈망, 즉 뜨거운 기도가 있었기 때문이다.

이를 증언해 주시는 분이 빌리 그레이엄(B. Graham) 목사이다. 그레이엄 목사는 한국전쟁 막바지인 1952년 12월 15일 한국을 방문해 부산에서 집회를 가졌다. 이후 그는 고국으로 돌아가 다음과 같은 말을 했다.

"만일 오늘 사도행전에 기록된 오순절 성령의 역사를 믿을 수 없다면 지금 한국에 가 보라. 많은 피난민이 부산 바닷가 산언덕에 천막을 치고 난로도 피우지 않은 곳에서 새벽 4시에 열심히 기도하는 것을 볼 수 있으며, 거리에서 전도하는 것을 볼 수 있다."

그가 목격한 한국 교회의 부흥에는 한겨울의 혹독한 추위도 가로막지 못하는 하나님을 향한 갈망, 뜨거운 기도가 있었다는 것이다. 생각만 해도 가슴이 뜨거워진다. 그러나 지금의 한국 교회는 기도하는 시간에 무엇을 하고 있는가? 성경 공부, 제자 훈련, 세미나 등을 하고 있다. 이것이 잘못되었다고 말을 하는 것이 아니다. 그 시간만큼, 아니 그 이상 기도를 하고 있는가를 말하는 것이다. 그 시간에 기도는 한 순서가 되어 버렸다. 즉, 형식적인 기도가 되었다는 것이다. 한겨울에 혹독한 추위도 가로막지 못하는 하나님을 향한 갈망과 뜨거운 기도는 어디로 갔는가? 요한계시록 2장에 나오는 에베소 교회의 모습이 딱 우리는 모습이 아닌가?

그러나 너를 책망할 것이 있나니 너의 처음 사랑을 버렸느니라 그러므로 어디서 떨어졌는지를 생각하고 회개하여 처음 행위를 가지라(계 2:4-5).

에베소 교회가 책망을 받은 것은 무엇 때문이었는가? 믿음이나 신학적 교리의 문제 때문이 아닌 처음 행위를 잃어버렸기 때문이다. 처음 주님을 믿었을 때의 뜨거웠던 사랑, 열정을 잃어버렸기 때문에 책망을 받은 것이다.

지금의 한국 교회에 하시는 말씀이 아닌가? 오늘날 한국 교회는 성경 공부, 제자 훈련, 세미나 등으로 믿음의 성장이나 신학적 교리는 잘 정립되었을지 몰라도 처음 행위인 하나님을 향한 갈망과 뜨거운 기도를 잃어버렸다. 즉, 영적 치매에 걸려 있다.

하나님을 향한 갈망, 뜨거운 기도가 있었을 때 한국 교회는 부흥과 성장을 할 수 있었다. 1973년 서울 여의도광장에서 빌리 그레이엄

(B. Graham) 목사 초청 부흥 집회가 5월 30일부터 6월 3일까지 열렸다. 그 당시 연인원 320만 명이 모인 가운데 17개 교단이 연합한 초교파 전도대회로 집회 기간 동안 성도들은 광장에서 잠을 자며 철야 기도와 새벽 기도회를 하였다. 그다음 해인 1974년에는 '엑스플로(Explo)74' 대회가 8월 13일부터 18일까지 개최되었다. 초교파적으로 1만 2000개 교회가 참여한 사상 최대의 집회로 연인원 655만 명이 참여하였다. 집회 기간 동안 50도가 넘는 아스팔트의 열기 속에서도 낮에는 전도 훈련을, 저녁에는 대각성 집회를 열어 가슴을 치며 철야 기도를 했다. 그리고 1977년 '민족복음화 대성회'가 여의도광장에서 8월 15일부터 18일까지 4일간 열렸다. 이 집회에는 각 교단과 교회와 단체들이 참여했는데 매일 밤 150만 명, 연인원 750만 명의 성도들이 민족의 죄를 통회하고 자복하며 철야 기도를 하였다. 이후 1992년에는 '세계성령화대성회'가 8월 15일부터 16일까지 여의 광장에서 열렸는데 '오직 기도'라는 표어로 100만 명의 성도가 동참하였다. 이렇듯 기도가 한국 교회의 부흥과 성장의 동력이었다. 그러나 하나님을 향한 갈망과 뜨거운 기도를 잃어버린 지금, 즉 영적 치매에 걸려 있는 한국 교회는 너무나 무기력한 교회가 되어 버렸다.

영적인 병이 든 제자들

한국 교회를 보면 어머니를 보는 것 같다. 어머니는 처음 신앙생활을 하실 때부터 뜨겁게 기도를 하시는 분이셨다. 그러다 교회를 옮기면서 그 기도를 하지 못하게 되었다. 왜냐하면 그 교회 목사님이 뜨겁게 기도하는 것을 싫어하셨을 뿐만 아니라 아예 하지 못하게 하셨기 때문이다.

그 교회에서 신앙생활을 하시면서 뜨거웠던 어머니의 기도는 점점 식어 버리셨고, 기도하는 시간도 점점 줄어들었을 뿐만 아니라 어느 때부터는 기도를 하시다가 꾸벅꾸벅 졸기도 하셨다. 뜨겁게 기도를 하실 때 보지 못했던 모습이었다. 그러다 교통사고 후유증으로 우울증과 대인기피증 그리고 치매를 앓으시면서 완전히 무기력한 삶이 되셨다. 오늘날 한국 교회의 모습을 그대로 재현해 놓은 듯하다. 그러나 어머니는 무기력한 크리스천으로 살지 않으셨다. 어머니는 그 질병들을 가지고 기도의 처소로 나아가 주님을 의지하며 간절히 부르짖어 기도할 때 치유와 회복, 부흥을 경험하셨다.

이는 기도로 어머니만 경험한 치유와 회복 부흥이 아니다. 초대 교회가 태동하기 전 제자들은 교통사고와 같은 일들로 인해 영적인 병에 걸려 있었다.

제자들이 겪은 교통사고와 같은 사건은 무엇인가? 그것은 예수님이 십자가에서 죽으심과 승천하신 사건일 것이다. 이것보다 그들에게 큰 사건은 없을 것이다. 이로 인해 그들은 교통사고 후유증, 즉 예수님의 부재로 인한 후유증으로 영적 우울증, 영적 대인기피증, 영적 치매와 같은 영적인 병들을 앓게 되었다.

먼저 영적 우울증을 앓았던 제자들을 살펴보면, 예수님이 십자가에서 죽임을 당하신 후 제자들은 상실감과 함께 불안과 두려움 가운데 있었다. 요한복음 20장에서 이런 제자들의 모습을 볼 수 있다.

이 날 곧 안식 후 첫날 저녁 때에 제자들이 유대인들을 두려워하여 모인 곳의 문들을 닫았더니(요 20:19).

제자들은 예수님이 십자가에서 죽임을 당하신 후 유대인들이 두려워 그들이 모여 있던 집의 모든 문을 닫고 있었다. 이는 제자들이 얼마나 불안과 두려움 가운데 있었는지를 보여 준다. 귀신을 쫓아내며 병든 자들을 치유하던 제자들은 어디로 가고 예수님의 부재로 실의에 빠져 무기력한 제자들이 되어 버린 것이다. 이후 그들의 삶은 어떠하였는가?

시몬 베드로와 디두모라 하는 도마와 갈릴리 가나 사람 나다나엘과 세베대의 아들들과 또 다른 제자 둘이 함께 있더니 시몬 베드로가 나는 물고기 잡으러 가노라 하니 그들이 우리도 함께 가겠다 하고 나가서 배에 올랐으나 그날 밤에 아무 것도 잡지 못하였더니(요 21:2-3).

예수님이 없는 그들의 삶은 너무나 무기력한 삶이 되어 버렸다. 밤새 고기를 잡으려고 노력을 하였지만 아무것도 잡지 못했다. 그들의 힘과 능력으로 살아 보려고 하였지만 그들이 생각한 대로 되지 않앉다. 이전의 삶으로 돌아간 그 자리에서 제자들은 의욕 저하와 무기력을 경험하고 있었다. 이런 증상들은 우울증의 대표적인 증상으로 제자들이 예수님의 부재로 영적 우울증 가운데 있었다는 것을 알 수 있다. 즉, 제자들은 사역의 현장뿐만 아니라 삶의 자리에서도 영적 우울증을 겪고 있었던 것이다.

다음으로 제자들은 예수님의 부재로 영적 대인기피증을 앓았다. 제자들은 예수님이 십자가에서 처참하게 죽임을 당하신 후 유대인들이 두려워 집의 모든 문을 닫고 있었다. 그 이유는 예수를 따르는 추종자로 혐의를 받고 있었기 때문이다. 언제 산헤드린 군사들이 체포하러 들이닥칠지 모르는 불안한 상황이었다. 이러한 상황에서 누가 세상에 나아가 복음을 증거할 수 있으며 예수님의 제자라고 이야기할 수 있겠는가? 순교를 각오하지 않으면 불가능한 일일 것이다. 이런 제자들에게 부활하신 주님이 40일간 함께하신 후 승천을 하셨다. 예수님의 승천과 함께 모든 문제가 해결되었을까? 아니다. 여전히 예수를 따르는 추종자라는 꼬리표가 붙어 있었고, 산헤드린 군사들은 제자들을 잡으려고 하였으며, 그로 인해 제자들은 여전히 세상으로 나아가는 것을 두려워하였다. 이렇듯 제자들은 예수님의 부재로 사회공포증이라고 하는 영적 대인기피증을 겪고 있었다.

그리고 제자들은 예수님의 부재로 영적 치매 가운데 있었다. 사복음서를 보면 제자들은 예수님의 공생애 기간 동안 함께하면서 예수님이 행하시는 기적과 능력을 모두 보았다. 그들도 예수님으로부터 능력을 받아 그런 일들을 하였다.

예수께서 그의 열두 제자를 부르사 더러운 귀신을 쫓아내며 모든 병과 모든 약한 것을 고치는 권능을 주시니라(마 10:1).

제자들이 나가서 회개하라 전파하고 많은 귀신을 쫓아내며 많은 병자에게 기름을 발라 고치더라(막 6:12-13).

이런 사역을 하였던 제자들인데 예수님이 십자가에서 죽임을 당하자 유대인들이 두려워 숨어버렸다. 너무나 무기력한 제자들이 되어 버린 것이다. 치매의 대표적인 증상이 무엇인가? 기억력 감퇴와 무기력이다. 이전에 귀신을 쫓아내며 병자를 치유하던 제자들의 모습은 찾아볼 수 없고, 특히 예수님이 어떤 분이셨는지조차 잃어버린 듯한 모습이 아닐 수 없다. 이렇듯 초대교회가 태동하기 전 제자들은 여러 영적 질병을 겪고 있었다는 것을 알 수 있다.

부흥의 자리로 나아가라

이와 같이 제자들은 한국 교회와 같은 영적인 병이 들어 위기를 맞고 있었다. 그러나 오늘날 한국 교회가 주목해야 하는 것은 그들은 그 영적인 병에서 치유와 회복과 부흥을 경험하였다는 것이다. 어떻게 그런 일이 일어날 수 있었는가?

여자들과 예수의 어머니 마리아와 예수의 아우들과 더불어 마음을 같이 하여 오로지 기도에 힘쓰더라(행 1:14).

그들은 그 병들을 가지고 기도의 자리로 나아갔던 것이다. 이를 통해 기독교 역사상 가장 위대한 출생, 초대교회가 탄생하는 놀라운 일이 일어났다.

오순절 날이 이미 이르매 그들이 다같이 한 곳에 모였더니 홀연히 하늘로부터 급하고 강한 바람 같은 소리가 있어 그들이 앉은 온 집에 가득하며 마치 불의 혀처럼 갈라지는 것들이 그들에게 보여 각 사람 위에 하나씩 임하여 있더니 그들이 다 성령의 충만함을 받고 성령이 말하게 하심을 따라 다른 언어들로 말하기를 시작하니라(행 2:1-4).

초대교회는 위기가 올 때마다 기도를 통해 그 위기를 극복해 나아갔다. 사도행전 4장에서 복음을 증거하던 베드로와 요한이 협박과 위협을 당하자 성도들은 합심하여 기도를 하였다.

그들이 듣고 한마음으로 하나님께 소리를 높여 이르되(행 4:24).

또한 사도행전 6장에서 구제 문제로 성도 간에 다툼이 일어났을 때 사도들은 인간적인 방법으로 그 위기를 해결해 나아간 것이 아닌 기도와 말씀의 자리로 나아갔다.

형제들아 너희 가운데서 성령과 지혜가 충만하여 칭찬 받는 사람 일곱을 택하라 우리가 이 일을 그들에게 맡기고 우리는 오로지 기도하는 일과 말씀

사역에 힘쓰리라 하니(행 6:3-4).

그리고 사도행전 12장에서 야고보가 복음을 증거하다 순교를 당하고 베드로는 옥에 갇히는 위기에 처했을 때 초대교회는 그를 위해 하나님께 간절히 기도를 하였다.

이에 베드로는 옥에 갇혔고 교회는 그를 위하여 간절히 하나님께 기도하더라(행 12:5).

이렇듯 초대교회는 위기가 있을 때마다 기도를 통해 그 위기를 극복해 나아갔다. 오늘날 한국 교회는 영적인 병이 들어 위기를 맞고 있다. 초대교회가 태동하기 전 제자들은 영적인 병이 들어 위기를 맞았지만 주님의 말씀을 의지하여 기도의 자리로 나아가 기도를 할 때 성령님의 임하심을 통해 치유와 회복과 부흥을 경험하였다. 초대교회가 위기가 있을 때마다 기도를 통해 그 위기를 극복해 나아갔던 것처럼, 영적인 병이 들어 위기를 맞고 있는 한국 교회가 다시 한번 하나님을 간절히 부르짖어 찾는다면 초대교회에 임한 성령님의 치유와 회복과 부흥의 역사가 한국 교회에 일어날 것을 믿어 의심치 않는다.

CHAPTER
12.

영혼의 한숨

"한나가 마음이 괴로워서 여호와께 기도하고 통곡하며(삼상 1:10)."

영혼 독립 만세

몇 년 전 3·1운동 100주년을 맞이하였다. '3·1운동 UN 유네스코 세계기록유산 등재 기념재단'에서는 3·1운동의 배경과 의의(意義)에 대해 이렇게 말하고 있다.

"3·1운동은 일제의 폭압적인 식민지 지배에 대한 민족의 저항으로 일어 났다. 일본은 조선을 강점한 뒤 군사력을 배경으로 정치·경제·사회·문화의 각 분야에서 폭력적인 억압과 수탈을 자행하는 무단통치(武斷統治)를 실시 했다. 헌병경찰제도를 실시해 수많은 항일운동가들을 학살·투옥하고 모든 형태의 반일 활동을 탄압했다. 그리고 언론·출판·집회·결사의 자유 등 기본

적인 정치적 권리와 자유도 누리지 못하게 했으며, 조선태형령(朝鮮笞刑令)으로 가벼운 죄에도 가혹한 신체적 처벌을 가하여 인권을 유린했다. 또한 토지조사사업과 회사령 등으로 민족 산업의 발전을 억압하고 경제적 수탈을 자행하였다. 1910년대에 지속적으로 나타난 이러한 정치적 억압과 경제적 약탈로 농민을 비롯한 민중의 생활은 크게 악화되었으며, 일본의 식민지 지배에 대한 분노와 저항 의지가 높아졌다.

3·1운동은 지식인과 학생뿐 아니라 노동자, 농민, 상공인 등 각계각층의 민중들이 폭넓게 참여한 최대 규모의 항일운동으로 독립운동사에서 커다란 분수령을 이루었다. 그것은 나라 안팎에 민족의 독립 의지와 저력을 보여주었을 뿐 아니라, 독립운동의 대중적 기반을 넓혀 독립운동을 체계화·조직화·활성화하는 계기가 되었다. 민중들은 3·1운동에 참여하면서 민족의식과 정치의식을 높일 수 있었으며, 이는 1920년대에 다양한 사회운동과 조직이 성장할 수 있는 기반이 되었다.”

3·1운동은 우리에게 큰 의미를 주고 있다. 만약 3·1운동이 일어나지 않았다면 우리나라는 일제의 폭압적인 식민지 지배에서 벗어나지 못했을 것이다. 그러나 1919년 3월 1일 태화관 앞에서 외친 ‘대한 독립 만세’는 일제의 무단통치에 맞서는 계기를 마련하였을 뿐만 아니라 여러 사회운동과 조직을 활성화시켰고, 더욱이 상하이에 임시정부를 수립하여 지속적인 항일 투쟁을 하게 만들었다. 이런 투쟁의 결과 1945년 8월 15일 해방을 맞이하였다.

오늘을 살고 있는 우리는 어떠한가? 일제강점기 때와 환경과 배경은 다르겠지만 ‘대한 독립 만세’, 즉 ‘영혼 독립 만세’를 외치지 않으면 살아갈 수 없는 세상을 살아가고 있다.

최근 몇 년간 '직장 내 괴롭힘'이 심각한 사회문제가 되고 있다. 근로자 73.3%가 직장 내 괴롭힘을 당해 본 경험이 있다는 통계가 나올 정도이다. 그 가운데 간호사계의 '태움 문화'가 있다. 태움이란 '영혼이 재가 될 때까지 태운다'라는 뜻으로 선배 간호사가 신임 간호사에게 교육을 명목으로 가하는 정신적, 육체적 괴롭힘을 의미한다. 이로 인해 극단적인 선택을 하는 일들이 종종 일어나고 있다. 환자의 생명을 다루는 간호사란 직업의 특성상 조금의 잘못도 용납이 되지 않기 때문에 간호사 간의 위계질서와 엄격한 교육은 필수적이다. 하지만 이 과정에서 폭력이나 욕설, 인격 모독 등으로 인해 마음이 억압되고 억압되어서 결국 영혼이 재가 될 때까지 태워져서 극단적인 선택을 하게 만든다면 이 병폐 문화는 사라져야 할 것이다.

영혼의 한숨

이런 점에서 우리 신앙생활에서 억압된 감정을 치유하고 회복할 수 있는 것이 무엇인가? 다시 말해 자유와 해방을 줄 수 있는 것이 무엇인가? 그것은 말씀과 기도이다. 그러나 오늘날 한국 교회의 현실은 어떠한가? 예배 시간에 설교와 비교해서 기도하는 시간은 얼마나 되는가? 그 부족함을 채우기 위해 평일에 말씀을 붙잡고 기도하는 시간을 가져야 하지만 그 시간에 무엇을 하고 있는가? 성경 공부, 세미나, 프로그램 등으로 성도들의 머리만 키우고 있다. E. M. 바운즈는 "우리의 문제는 머리가 빈 것이 아니라 마음이 빈 것이다."라고 지적을 하였다. 이렇다 보니 성도들의 영혼은 어떻게 되겠는가? 병들고 무기력해질 수밖에 없다. 사람이 힘든 일을 겪거나 마음이 답답할 때 자연스럽게 나오는 심리적 현상이 '한숨'이다. 한숨의 사전적 의미는 '근심이나 설움이 있을 때 또는 긴장하였다가 안도할 때 길게 몰아서 내쉬는 숨'이라고 한다.

이렇듯 한숨은 감정적으로 괴롭고 힘들 때 긴장된 몸을 풀어 주기 위해 자연스럽게 나오는 소리, 즉 마음의 소리이다. 한숨을 쉬는 이유는 사람이 감정을 억누르면 몸에 힘이 들어가 수축되기 때문에 산소가 원활하게 공급이 되지 않기 때문이다. 그래서 한숨으로 모자란 산소를 보충하는 것이다. 의사들은 폐포가 망가지면 산소와 이산화탄소를 바꾸어 주는 폐의 기능이 저하되기 때문에 그 막힌 폐를 다시 뚫리게 하는 유일한 방법은 호흡을 두 배로 하는 한숨이라고 한다. 또한 인간의 뇌는 시간당 12번의 한숨을 촉진시키는데 한숨을 쉬지 않으면 폐가 점점 망가지지만, 그와 반대로 숨을 스스로 쉬지 못하는 사람들에게 한숨을 증가시키면 스스로 숨을 쉴 수 있게 할 수 있다고 한다. 나는 우리의 신앙생활에서 한숨과도 같은 역할을 하는 것이 기도라고 생각한다. 힘들고 지칠 때, 답답하고 억울할 때, 한숨처럼 내뱉는 것, 그것이 기도이다.

차 안에서 부르짖다

그런데 오늘날 많은 교회는 그 한숨을 쉬지 못하게 하고 있다. 신학교 시절 동기들과 저녁 식사를 하는데 한 통의 전화가 걸려 왔다. 그 전화는 중보 기도를 요청하는 전화였다. 동기가 쓰러져 병원에 입원을 하였는데 암이 발견되어 내일 급하게 수술을 하게 되었다는 내용이었다. 그래서 안타까움에 동기들과 철야 기도를 하기로 하고 기숙사 점검이 끝난 후 만나기로 했다. 그리고 약속 시간이 되어 가끔 철야 기도를 하는 교회로 가기로 했는데, 그날 마침 목사님이 계시지 않아 다른 교회를 알아보아야 했다. 그래서 급하게 철야 기도를 할 수 있는 교회를 찾게 되었다. 그런데 시간이 밤 12시가 훌쩍 넘어가고 있었다. 그 이유는 기도할 수 있는 교회를 찾을 수 없었기 때문이다. 주위에 있는 사람들이 다 전도사들인데 기도할 수 있는 교회를 찾지 못하고 있었던 것이다. 어렵게 수소문하여 한 교회를 찾았지만 그 교회조차도 마음 놓고 기도할 수가 없었다. 기도를 마치고 돌아오는 차 안에서 밖을 보는데 수많은 빨간 십자가가 눈에 들어왔다. 하지만 마음이 씁쓸하게만 느껴졌다. 저렇게 교회가 많은데 우리가 기도할 수 있는 교회가 없었다는 생각에 신학도로서 깊은 상념에 빠질 수밖에 없었다. 그리고 이어지는 생각이, 그렇다면 성도님들은 어떠할까? '우리처럼 소리 내서 기도를 하고 싶을 때 어디서 어떻게 하지?'라는 생각이 들었다.

어느 날 한 집사님을 알게 되었다. 그 집사님은 기도의 힘으로 하루를 살아가시는 분이셨다. 특히 소리 내서 기도를 하셨다. 그런데 여러 문제로 교회를 옮기면서 그 기도를 하지 못하게 되셨다. 왜냐하면 그 교회는 소리 내서 기도하는 교회가 아니었기 때문이다. 그렇다고 교회를 옮기고 싶지 않았던 집사님은 당신만의 방법을 찾으셨다. 그 방법은 차 안에서 기도하는 것이었다. 어느 누구에게도 방해를 받지 않고 기도할 수 있는 자기만의 기도의 골방을 만드신 것이다. 새벽 예배를 마치고 돌아오는 길에 차 안에서 마음껏 소리 내서 부르짖어 기도하고 오면 하루가 너무나 평안하다고 하셨다.

쌓여만 간 한숨

교회에 한 집사님 가정이 있었다. 온 가족이 교회에 나와 함께 예배를 드리며 행복하게 신앙생활을 하셨다. 부부가 서로 얼마나 사랑하는지 대화 속에서 그 사랑이 느껴지곤 하였다. 너무나 행복한 가정이었고, 모든 사람에게 사랑을 받는 가정이었다. 그러던 어느 날 이 가정에 고난이 닥쳐왔다. 여집사님이 우울증에 걸리신 것이다. 그렇게 행복했던 가정에 상상하지 못한 시련이었다. 가족들은 집사님의 우울증을 고치기 위해 많은 노력을 하였지만, 안타깝게도 그만 집사님은 자살을 하셨다.

이 일에는 여러 원인이 있을 것이다. 그 가운데 하나가 교회에 있었다. 교회가 세습의 문제로 둘로 갈라져 시끄러웠기 때문이다. 청년 때부터 신앙생활을 하였던 집사님은 오랫동안 함께 신앙생활을 하였던 가정들과 사랑하는 친구들이 교회를 떠나는 모습을 보며 너무나 힘들어하셨다. 매주 이런 일들을 겪다 보니 집사님은 한숨이 늘어만 갔고, 그 한숨이 쌓여 마음의 병이 되었던 것이다. 이 답답하고 괴로운 마음을 어디에서 하소연할까? 세상 친구들에게 세습 때문에 교회가 분열되어서 마음이 너무 아프다고 하소연할까? 아니면 다른 교회 교인들을 만나 교회 일들을 이야기할까? 마음으로만 고민하고,

마음에 쌓고만 있으셨던 것이다. 떠난 성도들을 위로하고 교회로 돌아오라고 권면도 하였지만 돌아오는 이야기는 교회를 나오라는 것과 담임목사님에 대한 부정적인 말들이었기에 집사님은 너무나 힘드셨을 것이다. 집사님을 생각하면 떠오르는 인물이 있다. 구약의 한나이다.

한나가 마음이 괴로워서 여호와께 기도하고 통곡하며(삼상 1:10).

만약 집사님이 그 답답함과 괴로운 마음을 한나처럼 토로하였다면 어떻게 되셨을까?

얼굴이 다시는 근심 빛이 없더라(삼상 1:18).

한나처럼 마음의 평안을 얻지 않았을까 하는 생각을 한다. 그러나 집사님은 그 상한 마음을 토로할 수가 없었다. 그 이유는 담임목사님이 소리 내서 기도하는 것을 싫어하셨기 때문이다. 이렇다 보니 집사님은 그 답답한 마음을 한나처럼 토설할 수가 없었던 것이다.

토로하고 싶어 하는 영혼들

세계적인 정신분석가 마이클 아이건(M. Eigen) 박사는 "정신분석은 기도이다."라고 말했다. 왜 그는 정신분석은 기도라고 이야기하는 걸까? 정신분석을 하게 되면 나를 개방하게 되고 그 개방을 통해 어떤 역동(Dynamics)이 오더라도 영향을 받지 않게 된다는 것이다. 쉽게 설명하면 자신 안에 있는 상처를 의식화하게 되면 공격의 대상이 되지 않는다는 것이다.

기도도 마찬가지이다. 기도란 우리의 영혼을 하나님께 개방하여 드리는 것이다. 다른 기도도 있겠지만 자기 개방, 자기 해체에 가장 효과적인 기도는 소리 내서 하는 기도이다. 소리를 내서 우리 내면의 근심, 걱정, 슬픔, 아픔, 고통, 상처, 문제 등을 토설하는 것이다. 한나와 다윗처럼 말이다.

나는 하나님께 부르짖으리니 여호와께서 나를 구원하시리로다 저녁과 아침과 정오에 내가 근심하여 탄식하리니 여호와께서 내 소리를 들으시리로다(시 55:16-17).

전도사 시절 차량 운행을 마치고 뒷자리에 앉아 예배를 드리게 되었다. 예배를 드리는 중간에 앞에 계신 권사님이 속삭이듯 이렇게 말을 하셨다. "답답하다. 소리라도 질렀으면...." 하고 한숨을 내쉬었다. 그 말을 듣고 '권사님에게 무슨 일이 있구나.' 하는 생각만 하고 지나쳤다. 그렇게 몇 주가 지나고 한 권사님이 이런 말씀을 하셨다. 전에는 우리 교회가 기도를 많이 했는데 지금은 하지 않는다며 한숨을 쉬셨다. 또 다른 권사님은 교회가 뜨겁게 기도를 해서 답답한 마음을 시원하게 해 주는 교회가 되었으면 좋겠다고 말씀하셨다.

교회는 어떤 곳인가? 십자가 앞에서 우리 마음의 짐들을 내려놓는 곳이 아닌가? 세상에서 억압받고 상처 입은 영혼들이 십자가 앞에서 대한 독립 만세, 즉 영혼 독립 만세를 외치는 곳이 아닌가? "주여, 나를 불쌍히 여기소서.", "주여, 긍휼을 베푸소서.", "주여, 나를 구원하소서."라고 말이다. 교회는 억압받고 상처 입은 영혼들이 마음껏 토로할 수 있도록 해야 한다. 그러나 현실은 어떠한가? 목회자가 소리를 내서 하는 기도를 싫어한다는 이유로 하지 못하게 하고, 우리 교회는 그런 영성과 맞지 않다는 이유로 교인들의 입을 막고 있다. 이는 영혼을 억압하는 행위이다. 다시 말해 세상에서 억압받고 상처 입은 영혼들을 또다시 억압하는 행위이다. 부르짖어 기도하는 것이 전부라고 생각하지 않는다. 하지만 목회자라면 거부하고 반대할 이유가 없다. 세상에서 억압받고 상처 입은 영혼들이 예수 그리스도로 말미암아 치유와 회복을 경험할 수 있다면 말이다.

오늘날 누구보다도 스트레스를 가장 많이 받는 사람이 있다면 청소년들일 것이다. 이런 그들이 학교와 학원과 가정에서 받은 스트레스를 해소하기 위해 유일하게 찾는 곳이 있다. 그곳은 바로 노래방이다. 그곳은 그들에게 안식처와 같은 곳이다. 누구의 간섭도 없이 마음껏 소리를 지르며 영혼의 자유와 해방을 누릴 수 있는 곳이기 때문이다. 노래방에서 나오는 아이들을 보면 모두 한결같이 활짝 웃고 나오는 모습들이다. 왜 그럴까? 마음속에 쌓인 것들을 쏟아 내었기 때문이다.

또한 포항공대생들은 시험 기간을 앞두고 스크리밍 데이 (Screaming Day)를 갖는다고 한다. 스크리밍 데이란 시험을 앞두고 학생들이 자정이 되면 도서관에 모여 30초 동안 소리를 지르며 시험에 대한 스트레스를 해소하는 시간을 말한다. 그렇게 30초간 마음껏 소리를 지르고 그들은 제자리로 돌아가 시험공부를 한다고 한다. 한 학생이 그 시간에 대해 이렇게 말했다. 그렇게 30초 동안 마음껏 소리를 지르면 스트레스가 풀리고 마음까지 후련하고 시원하다고 말이다. 이렇게 노래만 불러도 30초간 소리만 질러도 스트레스가 풀리고 마음까지 후련하고 시원한데, 우리에게는 마음을 토하는 부르짖는 기도가 있지 않은가?

다시 호흡을 할 수 있도록 해야 한다.

오늘날 목회자들은 영안이 열려 마음을 토로하지 못해 고통스러워하는 영혼들을 보아야 한다. 예수님은 고통 가운데 있는 영혼들을 치유하시고 일으키시는 사역을 하셨다. 그런데 오늘날의 목회자들은 성도들의 영혼을 억압하고 있다. 월터 브루그만(W. Brueggemann)은 그의 책 《구약의 위대한 기도》에서 이렇게 말한다.

"기도는 입 밖에 낸 말로서, 침묵을 거부하는 몸짓이다. 왜냐하면 안정된 모든 권위는 이의를 제기하는 모든 불만을 침묵시키려 하기 때문이다. 소리쳐 부르짖는 이스라엘 전통은 현대 세계에 중요하며, 침묵하는 자들 속에서 말을 재발견하는 일은 긴급하다."

브루그만이 말한 것처럼 현대사회에서 소리 내어 부르짖어 하는 기도는 아주 중요하며, 특히 목회자들이 이 기도에 대한 중요성을 깨달아야 한다. 자신의 영성과 맞지 않다는 이유로 소리를 내어 부르짖어 기도하고 싶은 영혼들에게 소리를 내어 기도하지 말라고 억압을 한다면 그 영혼들은 어디에 가서 마음을 토로해야 하는가? 교회는 세상에서 고통당하고 상처받는 영혼들에게 한숨이라도 쉬게 해주는 곳이 되어야 한다.

크리스천들이 상처와 아픔을 겪을 때 위로받기 위해 유일하게 향하는 곳이 교회 아닌가? 세상에서 혼자라고 생각이 들 때, 아무도 내 이야기를 들어 줄 사람이 없을 때, 아무도 내 편이 없을 때, 아무도 내 마음을 이해해 주지 못할 때, 누구에게도 하지 못하는 이야기가 있을 때, 위로받을 수 있는 유일한 곳인 교회로 말이다.

한숨에 대한 놀라운 비밀은 스스로 호흡을 하지 못하는 사람에게 한숨을 훈련시키면 스스로 호흡을 할 수 있다는 것이다. 이를 신앙적으로 표현하면 영적인 호흡을 하지 못하는 사람들에게 영적인 호흡인 기도를 하게 하면 영적으로 살아날 수 있다는 것이다. 요한복음 20장 21-22절을 보자.

예수께서 또 이르시되 너희에게 평강이 있을지어다 아버지께서 나를 보내신 것 같이 나도 너희를 보내노라 이 말씀을 하시고 그들을 향하사 숨을 내쉬며 이르시되 성령을 받으라(요 20:21-22).

이 말씀의 배경은 예수님이 십자가에 죽임을 당하신 후 제자들은 유대인들이 두려워 숨죽이고 움츠리고 있는 상황이었다. 왜냐하면 자신들에게도 그 죽음의 화살이 향하고 있었기 때문이다. 죽음의 두려움이 제자들의 숨통을 조이고 있었던 것이다. 이런 그들에게 부활하신 예수님이 나타나 성령을 받으라고 하신 것이다. '성령'은 헬라어로 '프뉴마'로, 바람, 호흡, 생명을 상징한다. 예수님은 세상으로 나아가기 두려워하는 제자들에게 생명의 성령을 부어 주심으로써 다시 세상으로 나아가 호흡할 수 있게 하신 것이다.

오늘날 교회도 세상에서 고통받고 상처 입은 영혼들에게 세상에서 다시 호흡할 수 있도록, 예수님과 같이 영혼들에게 숨을 불어 넣어 주어야 한다. 즉, 성령님과 함께 세상으로 나아가도록 해야 한다. 이를 위해 어떻게 해야 하는가?

너희 하늘 아버지께서 구하는 자에게 성령을 주시지 않겠느냐 하시니라 (눅 11:13).

하나님은 구하는 자들에게, 기도하는 자들에게 성령을 부어 주신다고 하셨다. 우리의 영적 호흡은 기도이다. 삶의 무게가 너무 힘들어 숨통을 조이려고 할 때 기도를 통해 성령의 충만을 받아 다시 세상에 나아가 승리하는 모두가 되길 바란다.

한숨을 크게 쉬어 봐

이 글을 쓰면서 문득 한 노래가 떠올랐다. 〈한숨〉이라는 노래인데, 이 글의 내용을 그대로 표현하고 있으며 특히 노래를 들으면 들을수록 하나님의 마음이 느껴졌기 때문이다. 가사는 이렇다.

숨을 크게 쉬어 봐요 당신의 가슴 양쪽이 저리게 조금은 아파 올 때까지

숨을 더 뱉어 봐요
당신의 안에 남은 게 없다고 느껴질 때까지

숨이 벅차올라도 괜찮아요 아무도 그댈 탓하진 않아 가끔은 실수해도 돼
누구든 그랬으니까
괜찮다는 말 말뿐인 위로지만

누군가의 한숨 그 무거운 숨을 내가 어떻게 헤아릴 수가 있을까요
당신의 한숨 그 깊일 이해할 순 없겠지만
괜찮아요 내가 안아 줄게요

남들 눈엔 힘 빠지는 한숨으로 보일진 몰라도
나는 알고 있죠 작은 한숨 내뱉기도 어려운 하루를 보냈단 걸 이제 다른 생
각은 마요
깊이 숨을 쉬어 봐요 그대로 내뱉어요

누군가의 한숨 그 무거운 숨을 내가 어떻게 헤아릴 수가 있을까요
당신의 한숨 그 깊일 이해할 순 없겠지만
괜찮아요

내가 안아 줄게요
정말 수고했어요

하나님이 우리에게 이렇게 말씀하시는 것 같지 않은가? "너의 '한숨'을 내가 안다. 남들 눈에는 힘 빠지는 한숨으로 보일진 몰라도 나는 알고 있어. 네가 작은 한숨도 내뱉기도 힘든 하루를 보냈다는 것을 말이야. 이제 괜찮아. 다른 생각은 하지 마. 깊이 한숨을 쉬어 봐! 그대로 뱉어 봐! 내가 너를 안아 줄게. 정말 수고했어!"라고 말이 다. 오늘도 힘든 하루를 보낸 사람이 있다면 한숨을 쉬어 보자! 마음 껏 주님의 이름을 한번 불러 보자! 주님이 힘든 하루를 보낸 당신을 꼭 안아 주시며 "괜찮아, 오늘 정말 수고했어."라고 위로해 주실 것 이다.

수고하고 무거운 짐 진 자들아 다 내게로 오라 내가 너희를 쉬게 하리라 (마 11:28).

PART
4

부르짖을 때 회복이 임한다

CHAPTER
13.

기도는 영혼의 운동이다

"사람의 심령은 그의 병을 능히 이기려니와 심령이 상하면 그것을 누가 일으키겠느냐(잠 18:14)."

백 세 신앙 시대

요즘 흔히 '백 세 시대'라고 말들을 한다. 그러나 마냥 즐거워할 일은 아니다. 왜냐하면 건강하게 백 세를 살아가면 문제가 없겠지만 각종 병으로 인해 고통을 겪으며 살아간다면 그 삶이 결코 행복하지 않을 것이기 때문이다. 그래서 건강 전문가들은 건강하게 백 세 시대를 살아가는 3가지 비법을 제시하고 있다. 그 비법은 근육 보험, 다이어트, 스트레스 해소이다. 우리 몸의 절반인 근육은 40세 이후부터 근육량이 계속적으로 줄어든다고 한다. 근육이 줄어들면 외형만 변하는 것이 아니라 질병 위험도를 높이고 생존율에도 영향을 미치게 된다. 최근 세계보건기구(WTO)에서 질병 코드를 부여할 만큼 근감소증은 하나의 질병으로 취급되고 있는 상황이다.

근감소증은 근육 자체를 넘어 뼈와 혈관, 신경, 간, 심장, 췌장 등 신체 전반에 걸쳐 광범위하게 영향을 미친다. 아직 근감소증을 치료하는 약은 없다고 한다. 그러나 전문가들은 현재 근감소증을 예방하고 치료하는 데 가장 확실한 방법은 운동이라고 말한다. 또한 비만은 당뇨, 고혈압, 고지혈증, 지방간 등 모든 대사질환의 근원이 되므로 건강하게 백 세 인생을 살아가기 위해서는 다이어트가 필수이다. 그리고 스트레스는 만병의 근원이라고 말한다. 감정 스트레스 같은 경우 불안이나 우울증은 심근경색, 뇌졸중을 일으킬 수 있으며 또한 외로움, 걱정 등은 기억력과 뇌 기능에 영향을 주어 치매 위험도를 높이게 된다. 그래서 자신만의 스트레스 해소법을 찾아 마음에 안정을 찾을 때 건강하게 살아갈 수 있다. 이와 같이 건강하게 백 세 시대를 살아가려면 이 세 가지 방법을 잘 실행해야 보다 건강하고 행복하게 백 세를 살아갈 수 있다. 그러나 우리가 백 세를 살아가는 가운데 몸보다 더 관심을 가지고 신경을 써야 하는 부분이 있다.

사람의 심령은 그의 병을 능히 이기려니와 심령이 상하면 그것을 누가 일으키겠느냐(잠 18:14).

백 세 시대, 아니 백 세 신앙생활을 건강하고 행복하게 살아가려면 무엇보다도 영혼이 건강해야 한다. 그래서 몸을 건강하게 만드는 세 가지 방법을 통해 영혼을 건강하게 만드는 세 가지를 나누고자 한다.

영적 근육을 만들라

첫째로, 영혼의 건강을 위해 영적 근육을 만들어야 한다. 그럼 우리는 어떻게 하면 영적 근육을 만들 수 있는가? 그것은 말씀과 기도이다. 운동으로 설명하면, 말씀은 운동기구(Fitness equipment)가 되고, 기도는 웨이트트레이닝(Weight training)이 되는 것이다. 즉, 말씀을 붙잡고 기도를 할 때 영적 근육을 만들 수 있는 것이다.

그러나 오늘날 크리스천들의 실상은 어떠한가? 하루 1시간 이상 말씀을 묵상하고 기도하는 크리스천들이 얼마나 될까? 주일날 성경책 펴는 것과 기도하는 것이 다인 크리스천들이 적지 않다. 어떻게 영적 근육을 만들 수 있겠는가? 말씀과 기도에 시간과 힘을 쏟지 않으면 결코 영적 근육을 만들 수 없다.

우리가 몸의 근육을 만들기 위해서는 꾸준히 운동을 해야 한다. 하루아침에 근육을 만들 수 없다. 나는 몸의 근육을 만들기 위해 2년 넘게 운동을 하였다. 운동을 하면서 느꼈던 것은 근육을 만들기 위해서는 매일 꾸준히 무게를 늘려 가야 한다는 것과 10~20분 운동을 하는 것이 아닌 최소 1시간 30분에서 2시간 이상 운동을 해야 근육을 만들 수 있다는 것이었다.

영적 근육도 마찬가지라고 생각한다. 꾸준히 말씀과 기도로 매일 1~2시간 이상 운동을 하지 않으면 영적 근육을 만들 수 없다. 우리 몸에 근육이 빠지면 근감소증으로 인해 면역력이 떨어져 다양한 질병이 생겨나듯이 영적 근육이 없으면 영적 면역력이 떨어져 죄라는 바이러스가 왕성하게 활동을 하게 된다. 그래서 영혼의 건강을 위해 무엇보다도 영적인 근육을 만들기 위해 말씀과 기도에 힘을 쏟아야 한다.

기울어진 영성

우리가 건강한 몸을 만들기 위해서는 균형 잡힌 운동이 필수적이다. 운동할 때 유산소 운동과 근력 운동으로 나누어서 하는 이유가 있다. 그 운동마다 장점과 단점이 있기 때문이다. 근력 운동은 짧은 시간에 강도 높은 운동을 통해 근육을 발달시켜 힘과 근육을 증가시킬 수 있지만, 피로감이 빨리 온다. 반면 유산소 운동은 편안한 호흡을 하면서 지속적으로 운동을 할 수 있지만, 운동 시간이 길어지면 근육 손실이 일어나게 된다. 그렇지만 유산소 운동은 '피로 내성'이 생기도록 돕는다는 점에서 근력 운동을 이어 나가는 데 힘이 된다. 즉, 근력 운동을 할 때 근육의 피로도가 올라가면 자세가 흐트러지게 되는데, 피로 내성이 생기면 보다 고강도의 운동을 버틸 수 있는 힘이 생긴다. 따라서 이 두 가지의 운동을 잘 병행할 때 운동 역량과 지구력을 향상시킬 수 있게 되는 것이다.

우리의 신앙생활에서 유산소 운동과 근력 운동 역할을 하는 것이 말씀과 기도이다. 유산소 운동인 말씀은 지성의 힘과 능력을 키우게 하는 반면, 근력 운동인 기도는 영적인 힘과 능력을 키우게 한다. 따라서 이 두 가지가 잘 균형을 이룰 때 건강하고 능력 있는 크리스천으로 살아갈 수 있게 되는 것이다.

그런데 오늘날 크리스천들은 이성으로는 성경 공부와 제자 훈련을 통해 예수 그리스도를 아는 데 반해 기도로는 예수 그리스도를 경험하지 못하고 있다. 다시 말해 이성으로만 예수 그리스도를 만나다 보니 머리는 커졌는지 몰라도 영혼은 너무나 빈약해져 있다. 이성은 비만인데 영혼은 너무나 빈약해져 있는 것이다. 이렇다 보니 영적으로 무기력한 세대가 되어 버렸다.

기도는 우리의 영적인 힘과 능력을 키우게 한다. 초대교회 사도들이 영적인 힘과 능력을 키울 수 있었던 것은 기도였다(행 1:14). 존 웨슬리(J. Wesley)는 새벽 4시에 기도를 시작해 매일 2시간씩 기도를 했다고 한다. 그는 다른 무엇보다도 기도가 자기의 할 일이라고 생각했으며 기도의 골방에서 나오는 그를 보았을 때 그의 얼굴은 광채가 났고 그토록 평화로울 수 없었다고 한다. 마틴 루터(M. Luther)는 "내가 아침에 2시간씩 기도하지 않으면 그날은 마귀가 계속 승리한다. 나는 할 일들이 너무 많기 때문에 매일 3시간 동안 기도하지 않으면 그 일들을 감당할 수 없다."라고 말했다. 운동을 하면서 가장 중요한 것은 밸런스를 유지하며 운동을 하는 것이다. 한쪽 부분만 운동을 하면 밸런스가 깨져 건강한 몸을 만들 수가 없다. 영혼의 운동도 동일하다고 생각을 한다. 한쪽 부분만 움직이면 다른 부분은 빈약해질 수밖에 없다. 이런 맥락에서 오늘날 크리스천들이 무기력하게 된 것은 다름 아닌 영성의 한 축인 기도를 소홀히 하고 있기 때문일 것이다.

영적 다이어트를 하라

둘째로, 영혼의 건강을 위해 영적 다이어트를 해야 한다. 청년 시절 헬스 트레이너를 잠깐 한 적이 있다. 어느 날 고도비만을 가진 여성 두 분이 살을 빼기 위해 등록을 하였다. 그런데 두 분 중 한 분은 이틀 운동을 하고 그만두셨고, 다른 한 분도 다음 날부터 나오지 않으셨다. 그리고 얼마 후 고도비만을 가진 다른 여성분이 등록을 하였다. 난 그분도 며칠 운동을 하고 그만두실 줄 알았다. 그러나 내 생각과 달리 그 여성분은 헬스장에 꾸준히 나와 운동을 하였다. 그렇게 한 달, 두 달 운동을 하다 보니 그녀의 몸에 쌓여 있던 체지방이 빠지기 시작하였고, 몸의 변화를 경험한 그녀는 자신감이 붙어 더 강도 높은 운동을 요구하였다. 한번은 운동하기 전 그녀에게 왜 그렇게 운동을 열심히 하는지 물었다. 그녀는 이렇게 말했다. "인생을 바꾸고 싶어 운동을 한다."라고 말이다. 다른 사람들이 비만인 자신을 이상한 눈으로 바라보는 것도 싫고, 직장도 다니고 싶은데 취업도 되지 않고, 남자 친구도 사귀고 싶은데, 그런 일들을 하지 못하는 자신의 인생을 바꾸고 싶어 운동을 시작하였다는 것이었다.

그렇게 그녀는 2년 넘게 꾸준히 운동을 하여 자신이 원하는 목표까지 감량에 성공하였다. 그리고 어느 날 그녀는 아름다운 옷을 입고 헬스장에 찾아와 기쁜 소식을 전했다. 드라마를 보는 것만 같았다. 그 소식은 그녀에게 남자 친구가 생겼다는 것과 더불어 취업도 하게 되었다는 것이었다. 이야기를 듣고 있던 모든 회원이 함께 기뻐하며 축하를 해 주었다.

이렇게 그녀가 건강한 몸을 가져 행복해질 수 있었던 것은 다름 아닌 꾸준한 운동과 함께 다이어트에 성공하였기 때문이다. 우리 몸에 체지방이 쌓이면 비만으로 이어져 당뇨, 고혈압, 고지혈증, 지방간과 같은 대사질환들을 일으켜 건강을 위협하게 된다. 몸에 체지방이 있듯이 영혼에도 체지방이 있다. 영혼에 체지방이 쌓이면 영혼의 건강을 위협하게 된다. 그럼 영혼의 체지방은 무엇인가? 죄를 비롯하여 다양한 관계 속에서 겪는 상처와 아픔들이 체지방이라고 할 수 있다.

오늘날 많은 크리스천이 영혼의 체지방을 해결하지 못해 영적 고도비만에 걸려 있다. 어느 때보다 영적 다이어트가 필요하다. 어떻게 하면 영혼의 체지방인 죄와 상처를 해결할 수 있을까?

내가 이르기를 내 허물을 여호와께 자복하리라 하고 주께 내 죄를 아뢰고 내 죄악을 숨기지 아니하였더니 곧 주께서 내 죄악을 사하셨나이다(시 32:3~5).

백성들아 시시로 그를 의지하고 그의 앞에 마음을 토하라(시 62:8).

하나님 앞에 나아가 죄를 회개하며 마음에 있는 상처를 토로할 때 죄와 상처를 해결할 수 있다. 우리는 기도를 통해 영적 다이어트를 할 수 있다. 우리 영혼을 건강하게 하려면 무엇보다도 영혼의 체지방인 죄와 상처가 쌓이지 않도록 해야 한다. 따라서 우리가 건강한 영혼을 가지고 행복한 신앙생활을 하기 위해서는 기도를 소홀히 하면 안 될 것이다.

스트레스를 해소하라

셋째로, 영혼의 건강을 위해 스트레스를 해소해야 한다. 오늘날 대부분의 직장인이 번아웃 증후군(Burnout syndrome)을 겪고 있다. 이 말은 심리학 용어로 '탈진 증후군', '소진(消盡) 증후군'이라고도 불린다. 어떠한 일에 몰두하다가 신체적, 정신적으로 스트레스가 계속 쌓여 무기력증이나 심한 불안감과 자기혐오, 분노, 의욕 상실 등에 빠지는 증상을 말한다. 한 조사에 의하면 직장인 95%가 번아웃 증후군을 겪고 있다고 한다. 그래서 WHO(세계보건기구)에서는 이 증후군을 '제대로 관리되지 않는 만성 직장 스트레스'로 규정하고 있다. 질병은 아니지만 심각하게 생각해야 하는 증상으로 보고 있는 것이다.

우리의 삶은 스트레스의 연속이다. 직장인뿐만 아니라 많은 사람이 만성 스트레스를 겪으며 살아가고 있다. 스트레스가 쌓이게 되면 피로가 누적되어 심리적, 정신적, 육체적으로 문제들이 발생한다. 그래서 대부분의 사람이 이 증후군에 걸리게 되면 무기력한 상태가 되어 삶의 의욕과 동기를 잃게 된다. 이렇듯 스트레스는 우리 삶과 영혼을 무기력하게 만드는 주원인으로 작용한다. 그럼 우리는 어떻게 하면 스트레스를 해소하여, 우리 삶과 영혼의 건강을 지키며 살아갈 수 있는가? 그 답은 성경의 한 인물을 통해 찾을 수 있다. 그처럼 만성 스트레스를 겪으며 산 사람도 없기 때문이다. 하지만 그는 그 스트레스로 인해 삶이 무너지지도 않았을뿐더러 영혼마저도 건강을 잃지 않았다. 그 비결은 무엇이며, 그는 어떻게 스트레스를 해결하였을까? 출애굽기 17장을 보자.

이스라엘 자손의 온 회중이 여호와의 명령대로 신 광야에서 떠나 그 노정대로 행하여 르비딤에 장막을 쳤으나 백성이 마실 물이 없는지라 백성이 모세와 다투어 이르되 우리에게 물을 주어 마시게 하라 모세가 그들에게 이르되 너희가 어찌하여 나와 다투느냐 너희가 어찌하여 여호와를 시험하느냐 거기서 백성이 목이 말라 물을 찾으매 그들이 모세에게 대하여 원망하여 이르되 당신이 어찌하여 우리를 애굽에서 인도해 내어서 우리와 우리 자녀와 우리 가축이 목말라 죽게 하느냐 모세가 여호와께 부르짖어 이르되 내가 이 백성에게 어떻게 하리이까 그들이 조금 있으면 내게 돌을 던지겠나이다(출 17:1-4).

하나님은 모세를 불러 그로 하여금 애굽에서 고통받고 있는 이스라엘 백성들을 출애굽하게 하셨다. 그런데 이스라엘 백성들은 매번 모세를 극심한 스트레스에 시달리게 하였다. 본문 말씀에서도, 목마르니 물을 달라고 하고 있다. 그것도 사막에서 말이다. 더 어처구니없는 것은 물을 주지 않으면 모세를 죽이려고까지 하였다. 모세의 입장에서 생각하면 스트레스가 아닐 수 없다. 그러나 이런 일은 이번만이 아니었다. 이전에도 비슷한 일들로 모세를 극심한 스트레스에 시달리게 하였다. 홍해 앞에서 이스라엘 백성들은 모세에게 어떻게 하였는가?

그들이 또 모세에게 이르되 애굽에 매장지가 없어서 당신이 우리를 이끌어 내어 이 광야에서 죽게 하느냐 어찌하여 당신이 우리를 애굽에서 이끌어 내어 우리에게 이같이 하느냐 우리가 애굽에서 당신에게 이른 말이 이것이 아니냐 이르기를 우리를 내버려 두라 우리가 애굽 사람을 섬길 것이라 하지 아니하더냐 애굽 사람을 섬기는 것이 광야에서 죽는 것보다 낫겠노라(출 14:11-12).

또한 마라에서는?

마라에 이르렀더니 그 곳 물이 써서 마시지 못하겠으므로 그 이름을 마라라 하였더라 백성이 모세에게 원망하여 이르되 우리가 무엇을 마실까 하매(출 15:23-24).

그리고 신 광야에서는?

이스라엘 자손의 온 회중이 엘림에서 떠나 엘림과 시내 산 사이에 있는 신 광야에 이르니 애굽에서 나온 후 둘째 달 십오일이라 이스라엘 자손 온 회중이 그 광야에서 모세와 아론을 원망하여 이스라엘 자손이 그들에게 이르되 우리가 애굽 땅에서 고기 가마 곁에 앉아 있던 때와 떡을 배불리 먹던 때에 여호와의 손에 죽었더라면 좋았을 것을 너희가 이 광야로 우리를 인도해 내어 이 온 회중이 주려 죽게 하는도다(출 16:1-3).

모두 한결같이 원망, 원망, 원망만 하고 있다. 반면 모세는 스트레스, 스트레스, 스트레스로 받아들일 수밖에 없는 일들이었다. 어린 아이처럼 모세에게 모든 것을 해결해 달라는 이스라엘 백성들을 보며 모세는 그들을 보는 것만으로도 '스트레스'였을 것이다. 그 스트레스가 짐작되지 않는가? 생각만 해도 머리가 아프지 않은가? 그러나 모세는 그렇게 극심한 스트레스를 겪으면서도 몸과 영혼의 건강을 잃지 않았다.

모세가 죽을 때 나이 백이십 세였으나 그의 눈이 흐리지 아니하였고 기력이 쇠하지 아니하였더라(신 34:7).

어떻게 이러한 일이 가능할까? 모세는 어떻게 만성적 스트레스를 해결하였기에 몸과 영혼의 건강을 지킬 수 있었을까? 이는 그가 부르짖어 기도를 하였기 때문이다. 출애굽기 14장 15절이다.

모세에게 이르시되 너는 어찌하여 내게 부르짖느냐(출 14:15).

그리고 출애굽기 15장 25절이다.

모세가 여호와께 부르짖었더니(출 15:25).

또한 출애굽기 17장 4절이다.

모세가 여호와께 부르짖어 이르되(출 17:4).

이스라엘 백성들이 모세에게 요구하였던 그 모든 일은 모세가 감당할 수 없는 일들이었다. 모세가 해결하려고 하였다면 그는 이미 홍해 앞바다에서 스트레스를 받아 쓰러져 죽었을 것이다. 그러나 그는 여호와께 나아가 부르짖어 기도함으로써 자신의 스트레스를 해결하였다. 우리 삶은 스트레스의 연속이다. 스트레스를 해결하지 않고 쌓고만 있으면 만병의 근원이 된다. 그러나 우리에게는 전능하신 하나님이 계시다. 오늘도 어떤 문제로 스트레스를 받고 있다면 모세처럼 여호와께 나아가 부르짖어 기도하길 바란다. 그리하여 모세처럼 영혼의 건강을 지키며 살아가는 모두가 되길 바란다.

영혼의 독화살

"그의 적수인 브닌나가 그를 심히 격분하게 하여 괴롭게 하더라(삼상 1:6)."

영혼의 독화살

옛날 전쟁에서 활은 그 어떤 무기보다 강력한 위력을 발휘하였다. 보통 사정거리가 100m 이상이었기에 공격과 방어를 할 수 있었다. 특히 영화 〈최종병기 활〉에서 나온 아기살 같은 경우는 무려 400m 이상 날아간다고 하니 그 위력은 가히 위협적일 수밖에 없다. 그러나 그 어떤 화살보다 생명을 위협하는 화살이 있다. 그 화살은 바로 독화살이다. 이 화살을 맞으면 맞은 부분만 고통스러운 것이 아니라 그 독이 살과 뼈를 파고들어 생명을 위태롭게 하는 치명적인 화살이다. 우리 삶에서 독화살같이 우리 영혼을 위협하는 것이 있다.

그것은 '말'이다. 신학교 때 언어폭력에 관한 과제를 하기 위해 밥알을 가지고 실험을 한 적이 있다. 2주간에 걸쳐 한쪽에 있는 밥알에는 '고마워', '사랑해'와 같은 좋은 말을 하고, 다른 쪽에 있는 밥알에는 '미워', '너 싫어'와 같은 나쁜 말을 하는 실험을 하였다. 2주간 실험을 마친 후 놀라운 결과가 나왔다. 좋은 말을 한 밥알에서는 흰 곰팡이가, 나쁜 말을 한 밥알에서는 검은 곰팡이가 피어난 것이다.

살리는 말

이와 같이 말에는 우리에게 보이지 않는 놀라운 힘이 있다. 잠언에 이런 말씀이 있다.

온순한 혀는 곧 생명 나무이지만 패역한 혀는 마음을 상하게 하느니라 (잠 15:4).

이 구절을 영어 성경으로 보면, 온순한 혀는 치유하는 혀로 생명을 가져오지만 패역한 혀는 마음을 깨뜨린다고 해석할 수 있다. 이는 무엇을 말하는가? 우리가 어떤 말을 하고 듣는가에 따라 우리의 영혼이 살아날 수도, 죽을 수도 있다는 것이다. 다음 말씀을 보자.

그들이 여리고에 이르렀더니 예수께서 제자들과 허다한 무리와 함께 여리고에서 나가실 때에 디매오의 아들인 맹인 거지 바디매오가 길 가에 앉았다가 나사렛 예수시란 말을 듣고 소리 질러 이르되 다윗의 자손 예수여 나를 불쌍히 여기소서 하거늘 많은 사람이 꾸짖어 잠잠하라 하되 그가 더욱 크게 소리 질러 이르되 다윗의 자손이여 나를 불쌍히 여기소서 하는지라 예수께 서 머물러 서서 그를 부르라 하시니 그들이 그 맹인을 부르며 이르되 안심하 고 일어나라 그가 너를 부르신다 하매 맹인이 겉옷을 내버리고 뛰어 일어나 예수께 나아오거늘 예수께서 말씀하여 이르시되 네게 무엇을 하여 주기를 원하느냐 맹인이 이르되 선생님이여 보기를 원하나이다 예수께서 이르시되 가라 네 믿음이 너를 구원하였느니라 하시니 그가 곧 보게 되어 예수를 길에 서 따르니라(막 10:46-52).

여기에 나오는 맹인이며 거지인 바디매오는 매일 길가에 앉아 사 람들에게 동냥을 하였다. 그러던 어느 날 예수님이 지나가신다는 말 을 듣고 그는 이렇게 소리를 질러 외쳤다. "다윗의 자손 예수여, 나를 불쌍히 여기소서."라고 말이다. 그 말을 들은 예수님은 가던 발걸음 을 멈추시고 그를 치유해 주셨다. 여기에서 우리가 주목해야 하는 것 은 그가 어떻게 "다윗의 자손 예수여."라고 외칠 수 있었는가이다. 쉽 게 고백할 수 있는 말이 아니다. 이는 그가 예수님에 대해 알고 있었 다는 것을 시사한다.

바디매오는 어떻게 예수님에 대해 알고 있었을까? 그 답은 쉽게 찾을 수 있다. 그는 매일 거리에서 동냥하는 거지였다. 매일 구걸하 는 거리에서 이 사람 저 사람들이 하는 이야기를 들었을 것이다. 그 중에 예수님에 관한 이야기도 있었을 것이다. 예수님이 누구이며 어 떤 일들을 행했는지 말이다. 즉, 그는 육적인 배고픔을 채우기 위해 구걸을 하였지만 자신도 모르게 영적인 배고픔을 채우고 있었던 것이다.

그는 사람들이 말하는 예수님에 대한 이야기들을 듣고 믿음을 키웠던 것이다. 그런데 그 예수님이 지나간다는 말을 들은 것이다. 자신을 구원해 줄 메시아요, 치유자라는 것을 믿고 있었던 그에게 말이다.

그러니 온 힘을 다해 간절히 부르짖어 예수님을 찾았던 것이다. "다윗의 자손 예수여, 나를 불쌍히 여기소서!"라고 말이다. 이 장면을 생각할 때면 그의 간절함과 주님을 향한 갈망이 느껴진다. 이후 바디매오에게 어떠한 일이 일어났는가?

예수께서 이르시되 가라 네 믿음이 너를 구원하였느니라 하시니 그가 곧 보게 되어 예수를 길에서 따르니라(막 10:52).

예수님이 그에게 다가오셔서 구원해 주셨을 뿐만 아니라 예수님의 제자로 살아가게 되었다. 이렇게 바디매오가 새로운 삶, 인생 역전을 할 수 있었던 것은 무엇 때문이었는가? 다름 아닌 '말' 때문이었다. 바디매오는 사람들이 하는 예수님에 관한 이야기를 들었다. 거지였기에 누가 진심으로 해 주는 말도 아니었다.

사람들이 던져 주는 동전처럼 주워들은 이야기만을 듣고 그는 인생 역전을 할 수 있었다. 이렇듯 주워들은 이야기만을 듣고도 인생 역전을 할 수 있다면, 사랑과 진심을 담아 해 주는 말은 어떠한 기적을 가져올까? 청년 시절 새벽 예배를 마치고 나오는데 한 권사님이 아침 식사를 함께하자고 하셔서 교회 근처 식당으로 갔다. 그 당시

나는 진로와 취업 때문에 힘든 시기를 보내고 있었다. 누군가의 위로가 절실히 필요했던 시기였다. 그런데 권사님이 식사를 하시며 이런 말씀을 하셨다. "송 선생님, 힘을 내요. 하나님은 기도하는 사람을 쓰셔."라고 말이다. 그 말을 듣는 순간 마음이 뜨거워졌다. 누구도 나를 필요로 하지 않는다고 생각하고 있었던 나에게 그 말은 하나님의 음성처럼 들려왔다. 지푸라기라도 잡고 싶은 심정으로 하루하루 버티며 살고 있는 나에게 그 말은 그 어떤 말보다 큰 위로와 용기를 주었다.

> 선한 말은 꿀송이 같아서 마음에 달고 뼈에 양약이 되느니라(잠 16:24).

이 시대를 살고 있는 청년들을 'N포세대'라고 부른다. N포세대란 경제적, 사회적 압박으로 인해 많은 것을 포기한 세대를 지칭하는 신조어이다. 처음 삼포세대로 시작되어 N포세대로까지 확장되었다. 삼포세대는 연애, 결혼, 출산 세 가지를 포기한 세대를 말하며, 오포세대는 집과 인간관계를 포함하여 다섯 가지를 포기한 것을 말하고, 칠포세대는 꿈과 희망을 포함하여 일곱 가지를 포기한 세대를 말한다. 그리고 포기한 것이 너무 많아 셀 수도 없다는 N포세대로까지 확장된 것이다.

이러한 청년들에게 가장 필요한 것은 무엇일까? 그 어떤 것보다도 따뜻한 말 한마디가 아닐까? '취업은 언제 하니?', '결혼 언제 할래?', '언제까지 백수로 살래?'라는 말보다는 '조금만 힘내, 너는 할 수 있어.'라는 말 한마디가 움츠리고 힘들어하는 청년들에게 그 어떤 것보다도 큰 위로와 용기를 불어넣어 줄 것이다.

죽이는 말

이와 반대로 어떤 말은 우리 영혼의 독화살이 되어 고통을 겪게
한다. 다음 말씀을 보자.

에브라임 산지 라마다임소빔에 에브라임 사람 엘가나라 하는 사람이 있
었으니 그는 여로함의 아들이요 엘리후의 손자요 도후의 증손이요 숩의 현
손이더라 그에게 두 아내가 있었으니 한 사람의 이름은 한나요 한 사람의 이
름은 브닌나라 브닌나에게는 자식이 있고 한나에게는 자식이 없었더라 이
사람이 매년 자기 성읍에서 나와서 실로에 올라가서 만군의 여호와께 예배
하며 제사를 드렸는데 엘리의 두 아들 홉니와 비느하스가 여호와의 제사장
으로 거기에 있었더라 엘가나가 제사를 드리는 날에는 제물의 분깃을 그의
아내 브닌나와 그의 모든 자녀에게 주고 한나에게는 갑절을 주니 이는 그를
사랑함이라 그러나 여호와께서 그에게 임신하지 못하게 하시니 여호와께서
그에게 임신하지 못하게 하시므로 그의 적수인 브닌나가 그를 심히 격분하
게 하여 괴롭게 하더라(삼상 1:1-6).

에브라임 산지에 사는 엘가나에게는 두 아내 한나와 브닌나가 있
었다. 그런데 그녀들은 관계가 좋지 않았다. 왜냐하면 브닌나에게는
아이가 있고 한나에게는 아이가 없었기 때문이었다. 이를 빌미로
브닌나는 아이를 낳지 못하는 한나를 괴롭게 하였다.

여호와께서 그에게 임신하지 못하게 하시므로 그의 적수인 브닌나가 그를 심히 격분하게 하여 괴롭게 하더라(삼상 1:6).

여기서 '격분하다'는 원어로 '카아쓰'로 '괴롭히다, 약올리다, 슬프게 하다'라는 뜻을 가지고 있다. 그리고 '괴롭게 하다'의 원어는 '라암'으로 '괴롭히다, 자극하여 분노케 하다'라는 뜻으로, 두 단어가 서로 비슷한 의미를 지니고 있다. 무엇을 말하는가? 한나가 받은 고통이 그만큼 매우 컸다는 것을 말해 주고 있다.

그 당시 히브리 문화에서 생명은 하나님의 주권에 달려 있었기 때문에 여자가 아기를 낳지 못하는 것은 하나님께 버림을 받았거나 혹은 하나님께 저주를 받았다고 생각할 수 있었다. 이런 배경이었기에 한나와 갈등이 있었던 브닌나는 한나를 마음껏 조롱하고 저주를 하였을 것이다. "한나, 너는 하나님께 버림받았어. 너는 하나님께 저주를 받은 거야. 너는 하나님께 무슨 죄를 지은 거야!"라는 독화살 같은 말들을 쏟아부었을 것이다. 이런 말들을 듣고 있었던 한나의 마음은 어떠하였을까? 매일 눈물이 마르지 않았을 것이다.

그런데 한나의 고통은 이뿐만이 아니었다. 브닌나의 말이 그녀의 내면에서 또 다른 독화살과 같은 말들을 만들어 내고 있었기 때문이다. '정말 나는 하나님께 버림받은 건가. 저주를 받은 건가. 아니면 죄가 많아서 아이를 낳지 못하는 건가!' 또 한편에서는 '정말 브닌나 말대로 아이를 낳지 못하니 남편의 사랑을 받을 자격이 없어. 난 여자도 아니야. 나는 식충이에 불과해. 숨 쉴 자격도 없어. 살아서 뭐해!'라는 독화살 같은 생각들로 그녀의 영혼은 더욱 괴롭고 고통스러웠을 것이다.

전도사 시절 성가대 찬양을 마치고 급하게 계단을 내려오는데 복도에서 한 권사님이 "전도사님, 잠깐만!" 하시며 다짜고짜 이런 말을 하였다. "전도사님, 그렇게 기도하면 안 돼요! 하나님이 그렇게 기도하지 말래요."라고 하며 이어 "전도사님, 그렇게 기도하면 벙어리가 돼요. 목회 못 해요."라고 말을 하는 것이었다. 정말 너무 당황스러웠다. 그리고 너무나 불쾌했다. 나를 걱정해서 하는 말일 수 있었다. 하지만 상처가 되었던 것은 다른 말도 아니고 그렇게 중요한 말을 굳이 성가대 찬양을 마치고 급하게 내려오는 사람을 붙잡고 할 수 있는 말은 아니었다는 것이다. 정말 나를 걱정해서 하는 말이라면 조용한 장소에서 조심스럽게 꺼내야 하는 말이었다. 그 당시 나는 심적으로 매우 힘든 시기를 보내고 있었다. 밤낮으로 부르짖어 기도를 하다 보니 목이 남아나지 않고 목의 여러 증상으로 인해 밥 먹는 것조차 힘들었다. 어느 때는 김밥을 먹으려고 하였지만 입이 벌어지지 않아 먹지 못하는 경우도 있었다. 몸의 증상들을 생각하면 기도를 멈추어야 했지만 기도를 멈출 수가 없었다. 왜냐하면 기도를 멈추려고 하면 마음속에서 기도의 불이 더욱더 활활 타올랐기 때문이다. 예레미야의 마음처럼 말이다.

내가 다시는 여호와를 선포하지 아니하며 그의 이름으로 말하지 아니하리라 하면 나의 마음이 불붙는 것 같아서 골수에 사무치니 답답하여 견딜 수 없나이다(렘 20:9).

이 불을 어떻게 끄란 말인가? 성령께서 강권적으로 역사하시는 기도의 불을 어떻게 끄란 말인가? 목 상태를 생각하면 멈추어야 했지만, 그러나 멈출 수가 없었다. 기도의 불을 받은 사람은 알 것이다. 목을 쓰지 못해도, 말을 하지 못하는 상황이 된다 하더라도 주님을 향한 이 갈망, 간절한 부르짖음을 빼앗길 수 없다는 것을 말이다. 이런 상태에 있는 나에게 그 권사님이 그런 말들을 한 것이다. 그 권사님과는 대화를 한 적도 없고 이름조차도 모르는 권사님이셨다. 점심시간이었지만 식사도 못 했다. 사역을 마치고 집에 와서도 그 말이 잊히지 않고 계속 맴돌았다. 생각하면 할수록 이해가 되지 않았다. 왜 그 권사님은 그런 말을 하셨을까? 정말 하나님의 말씀이었을까? 그런데 한편 이런 생각이 들었다. 왜 인격적인 하나님이 그런 중요한 이야기를 나에게 하시지 않고, 어떤 인격적인 관계도 없는 권사님을 통해 말씀하셨을까? 그 후로 그 권사님의 말은 독화살이 되어 나의 영혼을 괴롭게 하였을 뿐만 아니라 특히 기도를 막아 힘든 시기를 보내야만 했다.

자신과 타인을 향한 독화살

우리는 어떻게 하면 고통을 주는 독화살 같은 말을 뽑아내어 평안을 얻으며 살아갈 수 있을까? 사무엘상 1장 10절을 보자.

한나가 마음이 괴로워서 여호와께 기도하고 통곡하며(삼상 1:10).

한나는 불임으로 인해 브닌나에게 독화살 같은 말들을 듣고 있었다. 이로 인해 그녀는 너무나 괴로운 가운데 있었다. 이런 고통 가운데 있었던 그녀는 여호와께 나아가 마음을 토로하였던 것이다. 즉, 영혼의 독을 뽑아낸 것이다. 여기서 한나와 브닌나의 큰 차이점을 발견하게 된다. 무엇인가? 영혼의 독, 즉 상처를 해결하는 방법이다. 한나와 브닌나는 둘 다 상처가 있었다. 한나는 불임 때문에, 브닌나는 남편의 사랑을 받지 못해 상처를 받고 있었다. 그런데 브닌나는 자신의 상처를 어떻게 해결하였는가? 자신의 상처를 한나에게 투사하여 그녀를 괴롭게 하였다. 반면 한나는 상처를 어떻게 해결하였는가? 브닌나에게 쏟는 것이 아닌 하나님께 가지고 나아가 토로하였다는 것이다.

여호와 앞에 내 심정을 통한 것뿐이오니(삼상 1:15).

여기서 새 번역 성경은 '마음을 쏟아 놓았다', 공동 번역은 '속을 털어놓았다'라고 번역하고 있다. 즉, 한나는 자신의 상처를 하나님께 나아가 쏟아 내듯 털어놓았던 것이다. 이렇듯 한나와 브닌나는 상처를 해결하는 방법이 완전히 달랐다. 브닌나는 한나에게 쏟아 부었지만 한나는 하나님께 나아가 토로하였던 것이다. 우리는 어떠한가? 혹 브닌나의 모습이 우리의 모습이 아닌가? 남편은 아내에게, 아내는 남편에게 독화살을 쏘며 살아가지 않는가? 또한 부모는 자녀에게, 자녀는 부모님께 말이다. 우리는 상처가 있다 하여 브닌나같이 행동하는 것이 아닌, 한나처럼 마음의 상처와 괴로움을 하나님께 가지고 나아가 기도하는 모두가 되길 바란다. 그리할 때 하나님의 은혜를 경험하게 된다. 사무엘상 1장 18절이다.

이르되 당신의 여종이 당신께 은혜 입기를 원하나이다 하고 가서 먹고 얼굴에 다시는 근심 빛이 없더라(삼상 1:18).

이 말씀을 보면 참 신기하지 않은가? 임신한 것도 아니고 그렇다고 상황이나 환경이 변한 것이 아닌데 한나의 얼굴에 근심 빛이 사라졌다는 것이다. 그 이유는 무엇 때문일까? 마음의 상처, 즉 영혼의 독화살이 사라졌기 때문이다. 이를 가능하게 한 것이 무엇인가? 마음을 쏟는 기도였다. 다시 말해 한나가 여호와께 나아가 마음을 토로하지 않았다면 마음의 독을 빼내지 못했을 것이다. 더욱이 마음의 평안도 얻지 못했을 것이다. 그렇지만 그녀는 하나님께 나아가 마음을 토로하였기 때문에 마음의 독을 빼낼 수 있었고 마음의 평안을 얻을 수 있었다.

우리는 늘 마음의 독을 품고 살아가고 있다. 상처라는 독, 근심과 걱정이라는 독, 낙심과 좌절이라는 독, 불안함과 초조함이라는 독들을 품고 살고 있다. 어떤 사람은 이 독들을 자신을 향해 독화살로 쏘며 살아가기도 하며 어떤 사람은 브닌나처럼 가장 가까이에 있는 사람, 특히 가장 사랑하는 사람들에게, 남편은 아내에게, 아내는 남편에게, 부모는 자녀에게, 자녀는 부모님에게 독화살로 쏘며 살아간다. 그러나 우리는 이러한 불행하고 어리석은 삶이 아닌 그 마음의 독들을 주님께 가지고 나아가 쏟아 냄으로써 한나처럼 마음의 평안을 누리며 살아가는 모두가 되길 바란다.

토해 내야 살 수 있다

오늘날 많은 크리스천이 마음의 독을 지닌 채 살아가고 있다. 스
펄전(C. H. Spurgeon)은 "마음의 토해 냄이 부르짖는 기도다."라고
한다. 가끔 주위에서 이런 말을 하는 사람들을 보게 된다. "하나님
이 귀가 먹었냐!", "왜 그렇게 소리를 질러!", "그렇게 소리를 내서 기
도를 하지 않아도 하나님이 다 응답해 주신다."라고 말이다. 그렇다.
하나님은 조용히 기도를 해도 응답해 주시는 분이시다. 그렇지만 본
인이 한나와 같은 환경이나 상황이라면 어떠할지 생각해 보라. 그렇
게 말을 할 수 없을 것이다. 또한 하나님은 그의 자녀들의 부르짖음
과 고통 소리를 듣기 싫어하실까? 그리고 하나님은 어떤 기도, 하나
님만을 전적으로 의지하며 부르짖는 자녀의 기도를 들으실까? 아니
면 침묵하며 고상함을 추구하는 자녀의 기도를 들으실까? 바리새인
과 세리의 기도를 생각해 보라. 다음 시편에 나오는 수많은 부르짖
음과 하나님의 들으심에 대해 어떻게 답변을 할 것인가?(이 말씀들은
시편에서도 일부분이다)

나의 왕 나의 하나님이여 내가 부르짖는 소리를 들으소서 내가 주께 기도
하나이다(시 5:2).

여호와여 의의 호소를 들으소서 나의 울부짖음에 주의하소서 거짓 되지

아니한 입술에서 나오는 나의 기도에 귀를 기울이소서(시 17:1).

내가 환난 중에서 여호와께 아뢰며 나의 하나님께 부르짖었더니 그가 그의 성전에서 내 소리를 들으심이여 그의 앞에서 나의 부르짖음이 그의 귀에 들렸도다(시 18:6).

여호와여 내가 소리 내어 부르짖을 때에 들으시고 또한 나를 긍휼히 여기사 응답하소서(시 27:7).

내가 주의 지성소를 향하여 나의 손을 들고 주께 부르짖을 때에 나의 간구하는 소리를 들으소서(시 28:7).

내가 놀라서 말하기를 주의 목전에서 끊어졌다 하였사오나 내가 주께 부르짖을 때에 주께서 나의 간구하는 소리를 들으셨나이다(시 31:22).

이 곤고한 자가 부르짖으매 여호와께서 들으시고 그의 모든 환난에서 구원하셨도다(시 34:6).

여호와의 눈은 의인을 향하시고 그의 귀는 그들의 부르짖음에 기울이시는도다(시 34:15).

여호와여 나의 기도를 들으시며 나의 부르짖음에 귀를 기울이소서 내가 눈물 흘릴 때에 잠잠하지 마옵소서(시 39:12).

내가 여호와를 기다리고 기다렸더니 귀를 기울이사 나의 부르짖음을 들으셨도다(시 40:1).

내가 내 음성으로 하나님께 부르짖으리니 내 음성으로 하나님께 부르짖으면 내게 귀를 기울이시리로다(시 77:1).

나의 기도가 주 앞에 이르게 하시며 나의 부르짖음에 주의 귀를 기울여 주소서(시 88:2).

나의 괴로운 날에 주의 얼굴을 내게서 숨기지 마소서 주의 귀를 내게 기울이사 내가 부르짖는 날에 속히 내게 응답하소서(시 102:2).

여호와께서 내 음성과 내 간구를 들으시므로 내가 그를 사랑하는도다 그의 귀를 내게 기울이셨으므로 내가 평생에 기도하리로다(시 116:1-2).

주여 내 소리를 들으시며 나의 부르짖는 소리에 귀를 기울이소서(시 130:2).

여호와여 내가 주를 불렀사오니 속히 내게 오시옵소서 내가 주께 부르짖을 때에 내 음성에 귀를 기울이소서(시 141:1).

칼 바르트(K. Barth)는 이렇게 말했다.

"하나님은 귀가 먹지 않으셨고 들으신다. 들으실 뿐 아니라 행동하신다. 하나님은 우리가 기도하든 말든 똑같이 행동하지는 않으신다. 기도는 하나님의 행동에 영향을 미치고, 그분의 존재에까지 영향을 미친다. … 그러나 한 가지는 의심할 여지가 없다. 하나님이 주시는 응답이다. 우리의 기도는 약하고 보잘것없다. 그럴더라도 중요한 것은 우리의 기도가 힘이 있어야 한다는 게 아니라 하나님이 우리의 기도를 들으신다는 사실이다. 그렇기 때문에 우리는 기도한다."

그가 말한 것처럼 하나님은 우리의 기도를 들으시고 응답하시는 하나님이시다.

주께서 이미 나의 음성을 들으셨사오니 이제 나의 탄식과 부르짖음에 주의 귀를 가리지 마옵소서 내가 주께 아뢴 날에 주께서 내게 가까이 하여 이르시되 두려워하지 말라 하셨나이다(애 3:56-57).

우리가 부르짖어 기도하는 것은 우리의 간절한 마음을 하나님께 표현하는 것이다. 다시 말해 고통 가운데 있는 인간이 전능한 하나님의 도움을 구하는 믿음의 행위라는 것이다. 스펄전은 "진정한 부르짖음의 기도는 고통의 산물이며 참된 소원의 표현이다."라고 하였다. 이를 잘 표현해 주고 있는 것이 마태복음 15장에 나오는 가나안 여인이라고 생각한다.

가나안 여자 하나가 그 지경에서 나와서 소리 질러 이르되 주 다윗의 자손이여 나를 불쌍히 여기소서 내 딸이 흉악하게 귀신 들렸나이다 하되(마 15:22).

이 가나안 여자에게는 사랑하는 딸이 있었는데, 그 딸은 귀신이 들려 있었다. 그 모습을 보며 그녀는 누구보다도 힘들고 고통스러웠을 것이다. 이는 예수님에게 했던 "나를 불쌍히 여기소서."라는 말 속에서 그녀의 괴로움을 짐작할 수 있다. 이런 그녀는 예수님이 어떤 분이신지 알고 있었던 것 같다. 그래서 그녀는 예수님이면 딸의 병을 고칠 수 있다는 믿음을 가지고 예수님께 나아가지만, 이게 웬일인가? 제자들뿐만 아니라 예수님까지도 그녀의 말을 들으려 하지 않으셨다. "예수는 한 말씀도 대답하지 아니하시니(23절)." 정말 너무하신 것 아닌가? 딸이 귀신이 들려 고통 가운데 있다는 엄마의 처절한 부르짖음에 예수님은 침묵하시니 말이다. 정말 무정한 예수님이 아닐 수 없다.

가나안 여자도 마찬가지로 '저 사람 뭐야, 내 말은 듣지도 않잖아.'라고 생각을 하며 무시와 모멸감을 느껴 발걸음을 돌릴 수 있었지만, 그녀는 무시와 모멸감 속에서도 포기하지 않고 다시 예수님께 나아갔다. "여자가 와서 예수께 절하며 이르되 주여 저를 도우소서 (25절)." 이는 그녀의 믿음의 크기를 짐작할 수 있는 대목이 아닐 수 없다. 이런 그녀를 본 예수님은 그녀를 향해 이렇게 말씀하셨다. "여자여 네 믿음이 크도다 네 소원대로 되리라 하시니(28절)." 이 말을 들은 그녀의 마음은 어떠하였을까? 예수님을 향한 믿음으로 가득 차 있던 그녀의 마음에 이 말씀이 불꽃이 되어 믿음의 불이 활활 타

오르게 하였을 것이다. "네, 주님! 믿습니다.", "주님의 말씀이니 딸의 치유를 믿습니다." 산을 들어 바다에 던질 만한 믿음이었지 않았을까? 딸의 치유뿐만 아니라 그녀가 더 치유와 회복을 경험하였을 것이다.

여기서 우리가 생각할 것은 만약 그녀가 예수님을 간절히 계속적으로 찾지 않았다면 사랑하는 딸이 치유를 받을 수 있었을까이다. 분명한 것은 그녀가 예수님을 계속적으로 부르짖어 찾았다는 것과 그 부르짖음에 예수님이 응답을 하셨다는 것이다. 25절에서 "주여 저를 도우소서."라는 말에서 '도우소서'는 헬라어로 '보에데이'인데, '구조'를 의미하는 '보에'와 '달리다'를 의미하는 '데오'의 합성어로, 긴급한 구조를 요청하는 '외침' 또는 '부르짖음'을 가리키는 말이다. 이는 그녀가 딸의 치유를 위해 얼마나 간절하고 절박하게 예수님을 부르짖어 찾았는지를 말해 주고 있다. 이렇듯 부르짖는 기도는 스펄전이 말한 것처럼 우리의 고통의 산물이며 우리의 참된 소원의 표현이 아닐 수 없다.

우리의 삶은 늘 문제와 고통의 연속이다. 특히 우리의 삶에 문제를 일으키고 고통을 주는 것 가운데 가장 큰 것이 '말'이다. 말은 눈에 보이지는 않지만 정말 굉장한 힘을 지니고 있다. 우리가 살아가다 보면 누군가의 말로 인해 힘과 용기를 얻을 때도 있지만 이와 반대로 독화살과 같은 말 때문에 삶이 무너지고 고통을 겪을 때가 있다.

이런 때 우리는 위에서 어느 사람이 말한 것처럼 하나님이 우리 마음을 다 아시니 조용히 침묵하며 기도를 하는 것이 맞는가? 아니면 한나처럼 하나님께 나아가 자신의 마음을 토로하는 것이 맞는가?

우리는 하나님의 자녀이다. 아버지께 못 할 말이 무엇이 있겠는가? 아버지께 우리의 마음을 토로하는 것이 잘못된 것이 아닐 것이다. 하나님이 우리 아버지이기 때문에 마음을 토로할 수 있는 것이다. 만약 한나가 마음을 토로하지 않고 있었다면 그녀는 하나님이 주시는 마음의 평안을 얻지 못했을 것이다. 여전히 자신의 영혼에 독화살을 쏘며 마음은 상처로 가득 차 있었을 것이다. 그러나 그녀는 마음의 괴로움과 아픔을 하나님께 가지고 나아가 토로하였기에 고통에서 벗어나 영혼의 평안을 얻을 수 있었다. 또한 맹인 바디매오가 구원을 받을 수 있었던 것은 조용히 침묵하고 있었기 때문이 아니다. 이 부분에 대해 월터 브루그만(W. Brueggemann)은 "바디매오가 침묵을 거부했기에 그는 구원을 받을 수 있었다."라고 말한다. 만약 바디매오가 침묵을 하였다면 그는 영원히 맹인으로 살았을 것이다. 또한 가나안 여인이 침묵을 하였다면 사랑하는 딸뿐만 아니라 자신도 치유를 받지 못했을 것이다.

우리는 늘 타인의 말 때문에 상처를 받고 그로 인해 고통을 겪을 때가 많다. 그때마다 침묵하며 살아간다면 우리 영혼은 마음의 독으로 가득 차 있을 것이다. 오늘도 누군가의 말 때문에 상처를 받고 고통 가운데 있는 크리스천들이 있다면 침묵 속에서 자신의 영혼을 향해 독화살을 쏘지 말고 하나님께 나아가 마음을 쏟길 바란다. 그리하여 하나님이 주시는 마음의 평안을 얻으며 살아가는 모두가 되길 바란다.

CHAPTER

15.

나의 영의 기도

"방언을 말하는 자는 사람에게 하지 아니하고 하나님께 하나니 이는 알아 듣는 자가 없고 영으로 비밀을 말함이라(고전 14:2)."

파라클레토스

우리는 하나님의 도움 없이는 단 하루도 살아갈 수 없다. 매일 어떠한 일이 일어날지 알 수 없으며, 한 치 앞도 내다보지 못하는 가운데 살아가는 연약한 존재이다. 이러한 불확실 속에 살아가고 있는 우리에게 힘과 용기를 주는 말씀이 있다.

그가 또 다른 보혜사를 너희에게 주사 영원토록 너희와 함께 있게 하리니(요 14:16).

여기서 '보혜사'는 헬라어로 '파라클레토스'로, '파라'와 '클레토스'의 합성어이다. '파라'는 '곁에, 옆에, 나란히'라는 뜻을 가진 전치사이고, '클레토스'는 '부름 받은 자'라는 뜻이다. 즉, '보혜사'를 원어 그대로 직역하면 '곁에 함께하며 도와주는 자'라는 의미이다.

또한 보혜사를 뜻하는 '파라클레토스'에서 네 가지 영어 단어가 파생되었는데, 이는 '돕는 자(Helper)', '위로자(Comforter)', '상담자(Counselor)', '중재자(Intercessor)'이다. 이는 무엇을 말해 주고 있는가? 내 안에 계시는 성령님은 때로는 나를 돕는 분이 되시고, 인생의 고통과 아픔이 있을 때 위로자가 되어 주시고, 삶의 문제로 힘들 때 상담자가 되어 주시고 더욱이 죄를 회개하고 돌이키도록 하시는 분이라는 것이다. 따라서 보혜사이신 성령님은 우리 곁에 계시며 우리를 도우시며 위로하시며 상담해 주시고 중재하시는 파라클레토스로 우리와 함께하시는 분이시다.

방언 채널

신약성경을 보면 성령님의 역사가 많이 일어났던 교회가 고린도 교회이다. 고린도 교회는 성령님의 역사로 많은 은사가 나타났는데, 그 가운데 하나가 방언이다. 방언은 개인 신앙생활에 유익한 은사이며 또한 방언은 영으로 하는 기도이다.

내가 만일 방언으로 기도하면 나의 영이 기도하거니와(고전 14:14).

방언을 말하는 자는 사람에게 하지 아니하고 하나님께 하나니 이는 알아듣는 자가 없고 영으로 비밀을 말함이라(고전 14:2).

나의 영으로 아무도 알아듣지 못하는 비밀의 언어로 하나님과 소통을 하는 것이다. 이 소통의 채널로 우리는 하나님과 교제를 하게 되고 이를 통해 우리는 하나님을 더 깊이 알아 가는 것뿐만 아니라 하나님은 당신의 뜻을 우리에게 알게 하시고 당신의 일을 우리를 통해 성취하시고 이루어 가신다.

어떤 부모님이든 자식이 잘되길 바랄 것이다. 그런데 만약 자식에게 위험한 일이 일어날 것을 알게 되었다면 어떻게 할까? 조용히 계실 부모는 없을 것이다. 그 위험을 자식에게 알리고 모든 방법을 동원해서 그 위험에 빠지지 않도록 할 것이다.

이는 하나님도 마찬가지이다. 하나님은 우리 아빠, 아버지가 되시기 때문이다. 누구보다 우리를 잘 아시고 사랑하시는 분이시다. 그래서 방언 채널을 만드신 것이다. 가끔 뉴스를 보면 잘 달리던 길에 싱크홀이 생겨 사람이나 차가 빠져 위험에 처하는 것을 볼 수 있다. 우리의 삶이 이와 같다. 언제 싱크홀을 만날지 모른다. 이를 영적으로 보면 우리 삶에 싱크홀을 만드는 존재는 누구인가? 마귀이다. 마귀는 우리를 삼키려고 이곳저곳에 싱크홀과 같은 시험과 유혹거리들을 만들어 놓고 있다. 하나님의 도움이 없으면 우리는 그 싱크홀들을 피해 갈 수 없다. 그렇기 때문에 하나님은 우리를 위해, 그 싱크홀들을 피하게 하고 빠지지 않도록 돕기 위해 방언 채널을 만드셨다. 마귀의 시험과 유혹거리에 빠지지 않게 하는 채널, 하나님의 도움을 요청하는 채널, 이것이 바로 방언 기도이다. 우리는 방언 기도를 통해 마귀와 싸워 이길 수 있고, 하나님의 도움을 구할 수 있다. 즉, 하나님은 우리를 보호하시고 능력을 주시기 위해 방언 채널을 열어 놓으신 것이다.

믿음의 방패가 보급되다

우리가 살고 있는 세상은 영적 전쟁터이다. 우리는 보이지 않는 존재인 마귀와 싸워야 한다. 인간적인 방법으로 우리의 생각으로 전쟁을 치를 수 없다. 이 전쟁은 영적인 싸움이기 때문에 영적인 도구가 동원되어야 한다.

나와 함께 사역하던 전도사님에게 일어났던 일이다. 어느 날 전도사님이 화장실에 있는데 기도하라는 성령님의 감동이 주어졌다. 일을 보고 있는데 당황스럽고 황당했지만, 전도사님은 늘 깨어서 기도하던 분이셨기에 어떤 일에 대한 기도인지는 모르지만 중보에 대한 급박함을 깨닫고 순종하며 방언으로 기도를 하였다. 그렇게 방언으로 기도를 하고 돌아와 교회 일을 하고 있는데 문득 어머니께 전화를 해야겠다는 생각이 들었다고 한다. 전도사님 어머니는 장애가 있으셨기에 거동이 불편하셨다. 어머니와 통화를 하면서 전도사님은 심장이 내려앉는 이야기를 들었다.

전도사님 어머니가 계신 지역에 강풍이 휘몰아쳐서 아파트 베란다 대창이 깨져 어머니가 앉아 계신 거실 안으로 수많은 유리 파편이 들이닥친 것이다. 생각만 해도 끔찍하고 아찔한 일이 일어났던 것이다. 전도사님은 다급하게 어머니께 다친 데 없냐고 괜찮냐고 물었다. 천만다행으로 전도사님 어머니는 다친 곳이 없으니 걱정하지 말라고 하셨다. 전도사님 어머니는 아무렇지 않다고 괜찮다고 말씀하셨지만 전도사님은 그렇지 않았다. 너무 걱정이 되어서 사역을 마치고는 곧장 어머니가 계신 집으로 달려갔다.

어머니를 만나 그 일을 듣는데 하나님만 생각났다고 한다. 전도사님은 도저히 믿을 수가 없었다. 유리 파편들이 어머니만 피해 사방에 깨지고 박혀 있었기 때문이다. 큰 집도 아니고 작은 아파트인데 어떻게 어머니는 상처 하나도 나지 않았을까? 그 수많은 유리 파편이 작은 거실로 휘몰아 닥쳤는데, 전도사님은 기적과 같은 일이라고 생각하며 마음속으로 하나님 감사, 하나님 감사, 감사만 나왔다.

전도사님은 어머니께 그 일이 일어난 시간을 물었다. 그런데 그 말을 듣는 순간 온몸에 소름이 돋았다고 한다. 어머니에게 일어난 일과 자신이 성령님의 감동에 따라 화장실에서 기도한 시간이 일치하였기 때문이다. 이 얼마나 우연인가? 그러나 이것은 우연이 아니라 하나님의 역사였다. 그날, 그 시간에 전도사님은 어머니의 집으로 갈 수 없었다. 하지만 전도사님이 그 시간에 성령님의 감동에 따라 방언 기도를 하였다는 것은 하나님이 전도사님과 함께하셨다는 증거이다.

나는 이 방언 기도를 통해 하나님이 영적 전쟁을 치렀다고 생각한다. 전도사님은 방언으로 기도하니 아무것도 몰랐을 것이다. 그것이 어머니를 위한 중보였다는 것을 말이다. 성령님의 감동에 따라 순종하며 간절히 기도한 것뿐이었다. 그러나 그 순종의 기도는 어머니를 살리는 중보 기도였다. 전도사님은 먼 곳에 있었지만 전도사님이 기도할 때 하나님은 천사들과 함께 전도사님 어머니와 함께하셨다. "야, 3번 천사, 파편 왼쪽에서 온다. 막아!", "야, 7번 천사, 오른쪽으로 파편이 온다. 막아!", "야, 15번 천사, 오른쪽 위에서 큰 파편 온다. 막아!"라고 하며 전도사님이 볼 수 없는 영적 전쟁터에서 진두지휘를 하신 것이다.

전도사님 어머니의 목숨을 놓고 마귀와 일대 격전이 벌어졌던 것이다. 만약 전도사님 어머니가 유리 파편에 맞아 다치기라도 하셨더라면 얼마나 힘드셨을지 짐작이 가고도 남는다. 또한 전도사님이 그 자리에 있었더라면 어떠하였을까? 어머니를 보호하기 위해 자신의 몸을 던져 유리 파편을 막으려 하였을 것이다. 그러나 파편 한두 개는 막을 수 있으나 그 전부를 막는 것은 불가능한 일이다. 혹 그 유리 파편들을 막다가 전도사님의 생명까지 위태로울 수 있다. 그렇기 때문에 하나님은 전도사님과 그의 어머니의 생명을 보호하기 위해 하나님의 방법으로 전쟁을 치르신 것이다. 출애굽기 17장을 보자.

그 때에 아말렉이 와서 이스라엘과 르비딤에서 싸우니라 모세가 여호수아에게 이르되 우리를 위하여 사람들을 택하여 나가서 아말렉과 싸우라 내일 내가 하나님의 지팡이를 손에 잡고 산 꼭대기에 서리라 여호수아가 모세의 말대로 행하여 아말렉과 싸우고 모세와 아론과 훌은 산 꼭대기에 올라가서 모세가 손을 들면 이스라엘이 이기고 손을 내리면 아말렉이 이기더니 모세의 팔이 피곤하매 그들이 돌을 가져다가 모세의 아래에 놓아 그가 그 위에 앉게 하고 아론과 훌이 한 사람은 이쪽에서, 한 사람은 저쪽에서 모세의 손을 붙들어 올렸더니 그 손이 해가 지도록 내려오지 아니한지라 여호수아가 칼날로 아말렉과 그 백성을 쳐서 무찌르니라 여호와께서 모세에게 이르시되 이것을 책에 기록하여 기념하게 하고 여호수아의 귀에 외워 들리라 내가 아말렉을 없이하여 천하에서 기억도 못 하게 하리라 모세가 제단을 쌓고 그 이름을 여호와 닛시라 하고 이르되 여호와께서 맹세하시기를 여호와가 아말렉과 더불어 대대로 싸우리라 하셨다 하였더라(출 17:8-16).

여기에 나오는 전쟁은 우리의 생각으로 도저히 이해할 수가 없는 전쟁이다. 모세가 팔을 들면 이스라엘 군대가 이기고 내리면 지는 전쟁이 어디에 있는가? 그러나 이것이 하나님의 방법이다. 이뿐만 아니라 성경의 수많은 일을 보면 우리의 생각으로 하나님의 방법을 이해할 수 없는 것들이 너무나 많다.

여호수아가 아말렉과의 전쟁에서 승리할 수 있었던 것은 칼과 창도 그의 지휘력도 이스라엘 백성들의 용맹함도 아니었다. 그 승리의 비결은 기도, 모세의 중보 기도였다. 모세의 중보 기도가 이스라엘의 칼과 창, 방패가 되어 승리로 이끈 것이다. 그래서 모세는 그곳에 단을 쌓고 그 이름을 '여호와 닛시(여호와는 나의 깃발이시다)'라고 하였다. 그렇다. 이스라엘과 아말렉과의 전쟁은 하나님께 속한 전쟁이었다. 인간의 방법이 아닌 하나님의 방법으로 전쟁이 치러졌다. 즉, 영적인 전쟁이었다는 것이다.

전도사님의 일도 마찬가지로 영적인 전쟁이었다. 하나님이 전방에서 싸우시고 전도사님은 후방에서 중보 기도로 지원을 한 것이다. 전쟁에서 승리하기 위해서는 후방 지원이 필수적이다. 후방에 아무리 많은 무기와 탄약이 있다고 한들, 정작 전투가 벌어지는 전선에 보급되지 않으면 아무런 소용이 없다. 후방 지원이 없는 전쟁은 승리할 수 없다. 그렇다면 전도사님이 방언 기도를 할 때 어떤 무기가 전장에 보급되었을까?

믿음의 방패를 가지고 이로써 능히 악한 자의 모든 불화살을 소멸하고 (엡 6:16).

전도사님이 방언 기도를 할 때 어머니에게 쏟아지는 불화살 같은 유리 파편들을 막기 위해 믿음의 방패가 보급된 것이다.

여호와 이레

만약 전도사님이 순종하지 않고 기도를 하지 않았다면 어떻게 되었을까? 기도를 하지 않았다면 어머니는 온몸에 상처를 입고 심하게는 목숨까지도 장담하지 못했을 것이다. 그러나 전도사님과 그의 어머니를 사랑하시는 하나님은 당신의 방법으로 그들을 보호하시고 지켜 주셨던 것이다. 하나님은 우리의 방패가 되시기 때문이다. 그럼 우리는 어떠한가? 동일하게 사랑하시고 지켜 주신다. 그러나 우리가 해야 하는 것이 있다. 무엇인가? 바로 순종이다. 전도사님은 순종의 제사를 드렸고 하나님은 그 순종의 제사를 받으시고 역사하신 것이다. 창세기 22장 1절에서 14절을 보자.

그 일 후에 하나님이 아브라함을 시험하시려고 그를 부르시되 아브라함아 하시니 그가 이르되 내가 여기 있나이다 여호와께서 이르시되 네 아들 네 사랑하는 독자 이삭을 데리고 모리아 땅으로 가서 내가 네게 일러 준 한 산 거기서 그를 번제로 드리라 아브라함이 아침에 일찍이 일어나 나귀에 안장을 지우고 두 종과 그의 아들 이삭을 데리고 번제에 쓸 나무를 쪼개어 가지고 떠나 하나님이 자기에게 일러 주신 곳으로 가더니 제삼일에 아브라함이 눈을 들어 그 곳을 멀리 바라본지라 이에 아브라함이 종들에게 이르되 너희는 나귀와 함께 여기서 기다리라 내가 아이와 함께 저기 가서 예배하고 우리가 너희에게로 돌아오리라 하고 아브라함이 이에 번제 나무를 가져다가 그의 아들 이삭에게 지우고 자기는 불과 칼을 손에 들고 두 사람이 동행하더니 이삭이 그 아버지 아브라함에게 말하여 이르되 내 아버지여 하니 그가 이르되 내 아들아 내가 여기 있노라 이삭이 이르되 불과 나무는 있거니와 번제할 어린 양은 어디 있나이까 아브라함이 이르되 내 아들아 번제할 어린 양은 하나님이 자기를 위하여 친히 준비하시리라 하고 두 사람이 함께 나아가서 하나님이 그에게 일러 주신 곳에 이른지라 이에 아브라함이 그 곳에 제단을 쌓고 나무를 벌여 놓고 그의 아들 이삭을 결박하여 제단 나무 위에 놓고 손을 내밀어 칼을 잡고 그 아들을 잡으려 하니 여호와의 사자가 하늘에서부터 그를 불러 이르시되 아브라함아 아브라함아 하시는지라 아브라함이 이르되 내가 여기 있나이다 하매 사자가 이르시되 그 아이에게 네 손을 대지 말라 그에게 아무 일도 하지 말라 네가 네 아들 네 독자까지도 내게 아끼지 아니하였으니 내가 이제야 네가 하나님을 경외하는 줄을 아노라 아브라함이 눈을 들어 살펴본즉 한 숫양이 뒤에 있는데 뿔이 수풀에 걸려 있는지라 아브라함이 가서 그 숫양을 가져다가 아들을 대신하여 번제로 드렸더라 아브라함이 그 땅 이름을 여호와 이레라 하였으므로 오늘날까지 사람들이 이르기를 여호와의 산에서 준비되리라 하더라(창 22:1-14).

하나님은 아브라함에게 하나뿐인 독자 이삭을 모리아 산에서 번제로 드리라고 하셨다. 어찌 생각하면 하나님은 너무나 잔인하신 분이라고 생각할 수 있다. 그러나 우리는 하나님의 뜻을 헤아릴 수 없다. 늘 우리가 생각하지 못했던 반전과 놀라움을 주시는 분이 하나님이시기 때문이다. 아브라함도 마찬가지였다. 그가 이삭을 번제로 드리려고 하였을 때 하나님은 반전과 놀라움을 준비하셨다.

여호와의 사자가 하늘에서부터 그를 불러 이르시되 아브라함아 아브라함아 하시는지라 아브라함이 이르되 내가 여기 있나이다 하매 사자가 이르시되 그 아이에게 네 손을 대지 말라 그에게 아무 일도 하지 말라 네가 네 아들 네 독자까지도 내게 아끼지 아니하였으니 내가 이제야 네가 하나님을 경외하는 줄을 아노라 아브라함이 눈을 들어 살펴본즉 한 숫양이 뒤에 있는데 뿔이 수풀에 걸려 있는지라 아브라함이 가서 그 숫양을 가져다가 아들을 대신하여 번제로 드렸더라(창 22:11-13).

이 반전과 놀라움의 장면을 보면서 모두가 한 가지를 생각할 것이다. 무엇인가? '순종'이라는 단어이다. 아브라함이 이삭을 번제로 드리는 것은 결코 쉬운 일이 아니었다. 그러나 그는 누구보다도 하나님을 믿고 신뢰하였던 인물이었다.

아브람이 여호와를 믿으니 여호와께서 이를 그의 의로 여기시고(창 15:6).

아브라함의 순종에는 하나님에 대한 절대적인 믿음이 있었다. 믿음이 순종을 만들어 냈고, 순종이 반전의 놀라움이라는 드라마를 만들어 내었던 것이다. 아브라함은 그 반전과 놀라움이 일어난 곳을 '여호와 이레'라고 하였다. 여호와 이레는 '여호와께서 준비하신다'라는 뜻이다. 우리도 아브라함처럼 하나님이 준비하신 반전 드라마의 주인공이 되려면 하나님에 대한 절대적인 믿음과 함께 순종이 뒤따라야 할 것이다. 그리할 때 하나님은 당신의 것으로 우리에게 준비해 주실 것이다.

하나님의 선물

오늘날 일부 크리스천 가운데 방언을 인정하지 않거나 부정하는 사람들이 있다. 그러나 방언은 성령님이 주시는 은사이다. 은사는 헬라어로 '카리스마'로 '선물'이라는 뜻이다. 즉, 방언의 은사는 하나님의 선물이라는 것이다. 선물을 싫어하는 사람은 아무도 없을 것이다. 더욱이 하나님이 주시는 선물이라면 말이다. 그러나 이 선물은 모두에게 주어지는 것은 아니다. 이 선물을 받은 사람들도 있고 받지 못한 사람들도 있다. 제임스 패커(J. I. Packe)는 "방언은 하나님이 성령 안에서 기도하고 찬양하게 하기 위해 주신 역량이다."라고 말한다. 즉, 하나님을 경배하고 예배하기 위해 주신 은사라는 것이다. 그는 계속해서 "방언이 자신들에게 주신 하나님의 길이 아니라고 깨달은 사람들과 방언 때문에 하나님과 교제가 풍성해진 사람들 모두, 상대에게 자신의 방식을 강요하려 하거나 상대방이 자신과 다르다는 이유로 열등하다고 판단해서는 안 된다."라고 하였다. 그렇다. 각자 하나님을 경배하고 예배하는 방식이 다를 수 있다. 방언을 통해 하나님을 더 잘 경배하고 예배할 수 있으며 방언을 하지 않아도 하나님을 더 잘 경배하고 예배할 수 있다. 방언을 하고 안 하고가 믿음의 척도로 평가되어서는 안 된다.

하나님도 표적들과 기사들과 여러 가지 능력과 및 자기의 뜻을 따라 성령이 나누어 주신 것으로써 그들과 함께 증언하셨느니라(히 2:4).

방언은 성령님의 선물이다. 그리고 성령님의 선물인 은사는 방언만 있는 것이 아니다. 성령님은 하나님과의 교제를 위해 우리에게 각자에 맞는 은사를 부어 주신다. 그러나 방언을 하는 것이 개인 신앙생활에 유익하다는 것은 부인할 수 없는 일이다. 왜냐하면 우리의 경배와 예배의 대상은 영이신 하나님이기 때문이다.

하나님은 영이시니 예배하는 자가 영과 진리로 예배할지니라(요 4:24).

하나님은 영이시다. 이는 우리가 영이신 하나님과 소통할 수 있는 채널이 영이라는 것을 말한다. 방언은 영으로 하는 기도이다. 나의 영이 방언으로 기도할 때 영이신 하나님과 소통할 수 있는 채널이 맞추어지는 것이다. 라디오 주파수가 맞추어지는 것처럼 말이다. 방언을 부정하거나 인정하지 않는 것은 너무나 잘못된 생각이다.

그런즉 내 형제들아 예언하기를 사모하며 방언 말하기를 금하지 말라(고전 14:39).

하나님의 말씀을 부정하면서까지 성령님의 선물인 방언을 인정하지 않고 배척할 이유가 없다. 또한 방언의 은사를 받고 방언을 하지 않는 사람은 한 달란트를 받은 사람과 같다. 방언은 성령님의 선물이라고 하였다. 만약 선물한 사람이 다른 사람에게서 이런 말을 들었다고 생각해 보라. "내가 얼마 전 너의 친한 지인 집에 갔는데, 네가 선물한 그 물건을 사용하지 않고 베란다 창고에 넣어 두었더라!" 선물한 사람은 어떤 마음이 들까? 방언은 성령님이 개인의 유익을 위해 주시는 선물이다. 그런데 그 선물을 방치하고 사용하지 않는다면, 그 선물을 통해 주어지는 성령님의 풍성한 은혜를 경험하지 못할 것이다. 성령님의 선물인 방언을 하다 보면 방언이 바뀌고 또 다른 선물인 은사들을 경험하게 된다.

너희는 더욱 큰 은사를 사모하라 내가 또한 가장 좋은 길을 너희에게 보이리라(고전12:31).

우리는 방언을 통해 영적인 은사들을 확장해 나아갈 수 있다. 방언은 우리 신앙생활에 아주 유익한 은사이다. 특히 아무도 알아듣지 못하는 비밀의 언어로 하나님과 소통을 할 수 있다는 것은 축복이다. 성령님의 선물인 방언을 부정하고 하지 않는 것은 영적 생활의 유익함을 거부하는 것과 같다. 방언은 성령님의 선물이다. 사모하고 받기를 원하시는 사람에게 성령님이 부어 주실 것이다.

코드블루 에클레시아

"내가 네 행위를 아노니 네가 살았다 하는 이름은 가졌으나 죽은 자로다
(계 3:1)."

코드블루, 코드블루

오늘날 한국 교회는 코드블루(Code Blue)의 상황에 처해 있다.
코드블루란 심폐소생술이 필요한 환자들에게 의료 팀이 즉각 달려갈
수 있도록 하는 의료 용어이다. 오래전 어머니가 교통사고를 당하셔
서 간병을 하고 있을 때 일이다. 오후 4시가 지나고 있을 때 옆에 있
는 환자의 상태가 좋지 않아서 간호사를 호출하였다. 간호사는 환자
의 상태를 보더니 급하게 병실을 달려 나갔다. 그리고 바로 병원 전
체에 이런 방송이 울려 퍼졌다. '코드블루, 코드블루 708호', '코드블
루, 코드블루 708호'라고 말이다. 우리 병실이었다. 그리고 2~3분이

지났을까? 처음 보는 의사 4~5명이 들어오더니 그중 한 의사가 환자 침대로 올라가 심폐소생술을 하기 시작하였다. 그렇게 몇 분 하더니 다른 의사가 심폐소생을 이어 갔다. 그렇게 해도 환자의 상태가 좋아지지 않자 의사들은 심폐소생술을 하며 침대를 끌고 응급실로 향했다. 그렇게 폭풍우처럼 한차례 휩쓸고 지나간 병실은 묵직한 정적만이 흘렀고, 모두 한마음으로 환자가 살아 돌아오기만을 간절히 바랐다.

나르시시즘

이 모습이 오늘날 한국 교회의 모습이 아닌가 하는 생각을 한다. 호흡을 하지 못해 심정지 상태에 놓여 있는 교회가 얼마나 많은가? '코드블루 에클레시아, 코드블루 에클레시아'라는 소리가 온 나라에서 울려 퍼지고 있다. 왜 이렇게 되었는가? 왜 심정지에 놓이게 되었는가? 가장 큰 원인은 나르시시즘적 사역 때문이라고 할 수 있다. 나르시시즘이란 자기애와 과도한 자기중심성에 집착하는 성격 특성을 말한다. 이에 대해 연세대 유영권 교수는 다음과 같이 말한다.

"한국 교회 성장이 멈추고 있는 현상에 대해 한국 교회 지도자들과 교인들의 나르시시즘적인 성향을 한 요인으로 지적하고 싶다. 담임목회자 중심의 교회 권력 구조, 불투명한 교회의 의사소통 체계, 투명한 행정 체계의 결핍 등의 현상들은 나르시시즘 문화 속에서 나오는 현상으로 한국 교회에 나르시시즘이 뿌리 깊게 자리 잡고 있다는 것을 말해 준다."

계속해서 그는 이렇게 말한다.

"이런 지도자들에게는 항상 자신을 찬양해 줄 추종자들이 있어야 한다. 자신의 추종자들에게 매우 의존적이다. 자아도취형의 지도자들에게 비판적 반응을 하면 그들은 견디지 못한다. 자신이 원하는 정보만 받아들이려 하고 자신의 생각을 다른 사람들에게 주입시키려 한다. 이로 인하여 그의 주변에는 항상 예스맨들이 포진되어 있고 훌륭한 인재나 부교역자들이 지도자를 떠나게 만든다."

신학교에 다닐 때 전도사들 사이에서 암암리에 이런 말들이 오갔다. "그 교회 가서 적당히 해! 나대지 말고, 목사님 눈에 띄면 알지!" 라고 말이다. 믿기지 않는 일이지만 일부 교회에서 실제로 일어나고 있는 일이다. 자신보다 능력 있는 사역자가 있으면 모든 수단과 방법을 동원하여 내쫓고 있는 것이다.

한번은 제자 훈련을 하는 교회를 탐방하러 간 적이 있다. 예배를 드리고 아는 전도사님이 식사하고 가라고 해서 함께 식사를 하고 있는데, 다른 전도사님이 나에게 다가오더니 담임목사님이 나를 잠깐 보자고 하신다며 식사를 마치면 목양실에 들렀다 가라고 하였다. 그래서 식사를 마치고 목양실로 올라갔다. 목사님은 밝게 웃으시면서 나에 대해 알고 있다고 하셨다. 그러시면서 이렇게 말씀을 하셨다. "전도사님! 전도사님이 기도에 대한 열정이 있다는 것 알고 있는데, 우리 교회와 맞지 않으니 다음 주부터 우리 교회에 나오지 않았으면 좋겠어."라고 말이다. 내 말은 듣지도 않으시고 일방적으로 그렇게 말씀하셨다. 등록하러 온 것도 아니고 탐방하러 온 사람에게 이게 무슨 말인가? 목사님은 내가 등록하러 온 줄 알고 그렇게 말씀하신 것 같았다. 교회를 나오면서 마음이 너무나 쓰리고 아팠다.

또 한번은 동기 전도사님이 자신이 맡고 있는 중등부 설교를 부탁해서 간 적이 있다. 설교를 마치고 중등부 교사들과 교제를 하고 있는데, 청년부 목사님이 다가오시더니 다음 주부터 청년부에 나와서 기도의 불을 붙여 주었으면 좋겠다고 말씀을 하셨다. 그때 나는 사역지를 알아보고 있었기에, 더욱이 기도의 불을 붙여 달라고 하니 마다할 이유가 없었다. 그래서 다음 주부터 청년부 예배에 참석하였고, 청년부 목사님은 청년회장을 소개시켜 주며 교회에 잘 적응할 수 있도록 해 주었다.

그리고 그다음 주 예배를 마치고 가려고 하는데 청년회장이 급하게 할 말이 있다며 혹시 오후에 시간이 되시면 함께 중보 기도를 해 줄 수 있냐고 물었다. 무슨 일이냐고 하니 청년부 자매가 화상을 입어 병원에 입원을 했는데 생명이 위태로운 상황이라고 하였다. 그래서 청년부 지체들과 함께 오후 4시에 모여 중보 기도를 한 후 집에 왔다. 그리고 집에서 쉬고 있는데 8시가 되었을 때 그 동기 전도사님이 잠깐 만나자고 해서 기쁜 마음으로 나갔다. 가벼운 마음으로 나갔는데 전도사님이 이런 말을 하였다. "형님! 혹시 오늘 오후 4시에 중등부 학생들 모아 놓고 훈계를 하셨어요?" 그게 무슨 말이냐고 물어보니 수석부목사님이 내가 아이들을 모아 놓고 훈계하는 장면을 보았다고 했다는 것이었다. 너무나 황당하고 어처구니가 없었다. 그래서 오후에 청년부 지체들과 중보 기도를 했던 일을 말해 주었다.

부목사님은 내가 교회 간 첫날부터 내 목소리를 듣더니 기도하는 사람이냐고 하며 거부감을 느끼셨다. 교회에 가서 수석부목사님을 만나 이야기하고 싶었다. 억울함을 해결하고 싶었다. 더욱이 왜 루머를 퍼트리냐고 말하고 싶었다. 그런데 그렇게 하지 못했다. 그렇게 하면 전도사님의 입장이 곤란해질 수 있었기 때문이다. 전도사님도 난처해하였다. 자신의 소개로 교회에 오게 되었는데 누명을 썼으니 미안한 마음에 말을 이어 가지 못했다. 또 부목사님에게 형님은 그런 적이 없다고 하면 부목사님이 거짓말을 하는 것이 되기 때문에 말할 수 있는 입장도 아니었다. 힘들어하는 전도사님에게 이렇게 말했다. 너무 걱정하지 말라고, 내가 교회를 나가지 않는 것이 좋을 듯하다고 말이다. 그런데 또 하나의 문제는 청년부 목사님이었다. 기도의 불이 청년부에 일어날 것을 기대하고 있을 목사님에게 거짓말을 해야 하는 상황이 된 것이다. 여러 가지 일을 생각해 볼 때 나만 조용히 나오면 모든 문제는 해결될 것 같았다. 청년부에서 기도의 불을 기대하며 몇 주를 보낸 것은 너무나 기쁜 일이었지만 그 불이 일어나기도 전에 꺼져 버린 것은 너무나 마음 아픈 일이 아닐 수 없었다. 이후 청년부 목사님에게 연락이 왔지만 개인적인 사정 때문에 교회에 나가지 못하게 되었다고 말을 하였다. 이러한 현실 속에서 교회의 성장은 기대할 수 없을 것이다.

악성 나르시시즘

개인적으로 존경하는 안수집사님이 계시다. 교회에서 누구보다 봉사와 헌신을 하시는 분이시다. 어느 날 직장에서 일을 하고 있는데 한 통의 전화가 걸려 왔다고 한다. 목사님이셨는데, 전화를 받자마자 목사님이 "안수집사가 무엇 하고 있는 거야! 교회 앞마당에 눈이 쌓여 있는데 빨리 와서 치워야지!"라고 하며 화를 내셨다는 것이다. 직장에서 일을 하고 있는 사람에게 말이다. 너무나 황당하고 당황스러웠지만 목사님 말씀이니 순종하는 마음으로 하던 일을 급하게 마무리를 하고 교회에 가서 제설 작업을 하셨다고 한다. 그리고 그런 일이 있고 얼마 시간이 흘러 안수집사님은 교회를 나오시게 되었는데, 그 이유 중 하나가 목사님이 설교 시간에 교회를 나가신 분들에 대해 비난과 함께 저주에 가까운 설교를 한 것이다. 이전에도 목사님이 교회를 나가신 분들에 대해 부정적인 설교를 하였지만 이번에는 달랐다. 집사님과 오랜 시간 신앙생활을 함께하셨던 분들이었기에 마음의 상처가 크셨던 것이다. 그 후로도 여러 일로 인해 힘들어하시던 집사님은 고심 끝에 교회를 나오셨다. 생명회복연구소의 원영재 전문상담원은 나르시시즘 사역에 대해 이렇게 말한다.

"한국 교회의 세속화를 부추긴 요인 중의 하나로 유교 문화를 꼽을 수 있다. 기독교가 한국에 들어오기 전부터 우리의 정신을 지배하고 있던 유교 사상이 소멸되지 않은 채 기독교 문화에 그대로 스며들어 영향력을 행사하고 있는 것이다. 유교의 가부장적이고 권위주의 문화는 교회의 세속화를 가중

시키고 목회자 나르시시즘을 양산하였다. … 그들은 자신의 전능성을 유지하기 위해 끊임없이 이벤트성 프로그램을 만들고 자신이 하나님과 교회를 위해 얼마나 애쓰고 노력하고 있는지를 말하기 좋아한다. 그리고 자신의 이벤트에 누구든지 참여해야만 축복을 받을 것처럼 설교하며, 조금이라도 자신의 계획에 저항하는 사람에 대해서는 저주를 받을 것처럼 분위기를 조성하여 참여하지 못한 교인들에게 죄책감을 갖게 하고는 한다. 그들은 자기의 대상이 되어 자신의 욕구를 대신 채워 준 교인들의 헌신적 봉사를 자신의 능력으로 치장한다."

스캇 펙(M. Scott Peck)은 나르시시즘은 여러 다른 형태로 나타나는데 그 가운데 눈에 띄는 병적인 나르시시즘이 있다고 한다. 그것은 '악성 나르시시즘(Malignant narcissism)'인데, 악성 나르시시즘은 복종할 줄 모르는 자기 의지에서 나온다고 말한다. 이 글을 보면서 문득 구약성경의 사울이 생각났다.

사무엘이 사울에게 이르되 여호와께서 나를 보내어 왕에게 기름을 부어 그의 백성 이스라엘 위에 왕으로 삼으셨은즉 이제 왕은 여호와의 말씀을 들으소서 만군의 여호와께서 이같이 말씀하시기를 아말렉이 이스라엘에게 행한 일 곧 애굽에서 나올 때에 길에서 대적한 일로 내가 그들을 벌하노니 지금 가서 아말렉을 쳐서 그들의 모든 소유를 남기지 말고 진멸하되 남녀와 소아와 젖 먹는 아이와 우양과 낙타와 나귀를 죽이라 하셨나이다 하니(삼상 15:1-3).

하나님은 이스라엘 백성들이 애굽에서 나올 때 아말렉이 대적한 일로 말미암아 사울에게 그들에게 속한 것들 전부, 사람뿐만 아니라 동물까지 모두 죽이라고 말씀하셨다. 그러나 사울을 어떻게 하였는가?

사울과 백성이 아각과 그의 양과 소의 가장 좋은 것 또는 기름진 것과 어린 양과 모든 좋은 것을 남기고 진멸하기를 즐겨 아니하고 가치 없고 하찮은 것은 진멸하니라(삼상 15:9).

하나님의 말씀에 순종하지 않고 자신이 보기에 좋은 것들은 남기고 그렇지 않은 것들만 진멸을 하였다. 이후 그에게 어떠한 일이 일어났는가?

여호와께서 왕을 버려 이스라엘 왕이 되지 못하게 하셨음이니이다(삼상 15:26).

하나님은 그를 버리셨다. 즉, 그의 불순종이 하나님과의 단절을 가져오게 만들었던 것이다. 다시 말해 그의 악성 나르시시즘(복종할 줄 모르는 자기 의지)이 하나님과의 단절을 낳은 것이다. 이런 점에서 오늘날 한국 교회가 나르시시즘적 사역으로 인해 심정지가 되었다는 것은 궁극적으로 목회자들이 하나님과 단절된 상태에서 사역을 해 왔다는 것을 말해 준다. 바꾸어서 말하면 하나님과의 영적인 호흡을 하지 않았다는 것을 보여 주고 있는 것이다.

단절된 호흡

나는 여기에 일조한 것이 아이러니하게도 신학교라고 생각한다. 왜냐하면 신학교에서 영적인 호흡인 기도를 가르치고 있지 않기 때문이다. 하나님의 부르심에 순종하지 않고 있다가 불혹의 나이가 다 되어 신학교에 가게 되었다. 그러나 신학교 생활이 그렇게 녹록하지만은 않았다. 모든 것을 내려놓고 있다가 갑자기 공부를 하려니 이해력과 암기력뿐만 아니라 몸까지 따라 주지 않았다. 왜 부르셔서 이 생고생을 시키냐고 하나님을 원망하기도 했다. 그러나 포기하고 싶지 않았던 나는 힘들 때마다 학교 강당에 가서 부르짖어 기도를 하였다. 그렇게 몇 시간 기도를 하다 보면 하나님이 다시 공부할 수 있는 힘과 용기를 주셨다.

그런데 수업을 들으면서 이상한 점을 발견하게 되었다. 신구약개론부터 교회사, 조직신학, 윤리학, 상담학, 목회학, 예배학, 설교학, 전도학, 선교학, 교회성장학 그리고 다양한 교양과목들까지 있는데, 신학교에 꼭 있어야 할 '기도학'이 없는 것이었다. 말씀과 기도로 준비되어야 하는 신학도들에게 말씀에 대한 이론은 풍성한 데 반해 기도에 관한 수업이 단 한 과목도 없었던 것이다. E. M. 바운즈는 그의 책《기도의 불병거》에서 이렇게 말한다.

"성경에서 가장 일관성 있게 강조하는 것은 '기도하라'는 것이다. 신학에서 필수과목으로 가르치고 있는가? 실천신학, 교양과목에 밀리고 있는 것이 '기도학'이다. 하나님은 우리에게 기도할 것과 기도를 가르칠 것을 명하신다.

하나님이 이 땅에서 자신의 뜻과 목적으로 이루시며 하나님 나라의 일을 행하실 때 반드시 필요한 사람은 기도학교 수료증을 가진 사람들이다."

오늘날 대부분의 신학생은 신학교 졸업장은 있는데, 기도학교 졸업장은 얻지 못하고 졸업을 하고 있다. 예수님과 제자들은 기도로 사역을 준비하였다. 예수님은 공생애를 시작하시기 전 40일 동안 금식 기도를 하심으로써 공생애를 준비하셨으며(눅 4:1-2), 제자들 또한 예수 그리스도의 복음의 증인으로 살아가기 전 마가의 다락방에 다 같이 모여 기도를 하였고(행 1:14), 기도할 때 성령 충만을 받아 복음의 일꾼들이 되었다(행 2:1-4). 그리고 구약의 수많은 하나님의 사람들 또한 기도할 때 하나님이 그들을 크게 사용하셨다. 모세는 홍해를 갈라 이스라엘 백성들을 건너게 하였고(출 14:15), 사무엘은 블레셋 민족에게서 이스라엘 백성들을 구원하였으며(삼상 7:8-9), 엘리야는 바알과 아세라 선지자들과 겨루어 승리를 하였다(왕상 18:37-40). 일일이 다루면 이 책이 부족할 정도이다. 신학 교육 과정 중에 기도에 관한 과목이 하나도 없다는 것은 이해할 수 없는 일이 아닐 수 없다. 누구보다도 하나님과 영적인 호흡을 통해 준비되어야 하는 신학도들인데 말이다. 영적인 호흡을 통해 목회자로 준비되는 것이 아니라 이론만 배워서 목회 현장으로 나아가고 있는 것이다. 인터넷 기사에서 백석대 장종현 총장이 이렇게 말한 것을 보았다.

"신학교부터 개혁이 일어나야 한다. 신학을 가르치는 신학자부터 성경을 하나님의 완전한 계시로 믿고 가르칠 때, 생명력 있는 목회자가 배출된다. 신학자들이 기도하지도 않고 성령님을 의지하지도 않고 성경을 문자적으로 지식으로만 가르쳐선 예수 그리스도의 생명이 나타나지 않는다. 어떤 신학자는 '성령의 역사를 믿지 않으며 성경 속 기적은 허구다. 천국도 없다.'라고 주장한다. 신학자가 이렇게 영적으로 병들어 있는데 영혼 구원의 사명을 가진 생명력 있는 목회자를 어떻게 배출할 수 있겠는가. 신학자와 목회자는 영적 지도자이기에 하나님의 세미한 음성을 들어야 한다. 성경에 나타난 하나님의 뜻을 깨달을 수 있도록 신학자들이 먼저 회개해 경건의 훈련에 힘써야 한다. 머리의 신학이 가슴으로 내려와 간절히 기도하는 무릎의 신학이 될 때, 한국 교회는 회복될 것이다."

그의 말에 깊이 공감한다. 특히 마지막 말 '머리의 신학이 기도의 신학'이 될 때 한국 교회가 회복될 수 있다는 말이 마음에 와닿는다. 사도바울을 생각해 보라. 그는 머리의 신학이 기도의 신학이 된 사도이다. 머리의 신학이었던 사울은 다메섹으로 향했지만 기도의 신학이 된 바울은 로마로 향했다. 그렇기 때문에 그 사역에 성령님의 놀라운 생명의 역사가 일어날 수 있었던 것이다.

기도만이 살길이다

한국 교회는 코드블루 상태에 놓여 있다. 심정지 된 한국 교회를 살릴 수 있는 방법은 기도밖에 없다. 이를 확증해 주는 것이 초대교회이다.

초대교회는 탄생에 앞서 심정지 상태에 놓여 있었다. 예수님이 십자가에서 처참하게 죽임을 당하시는 장면을 목격한 제자들은 두려움에 떨고 있었다. 왜냐하면 그 죽음의 그림자가 자신들에게 향하고 있었기 때문이다. 이러한 상황에서 초대교회가 탄생하기란 불가능해 보였다. 그러나 초대교회는 탄생을 하였다. 심정지 상태였던 제자들을 통해 출생하여 베드로의 설교로 수천 명이 회개하는 놀라운 일이 일어나는 것뿐만 아니라 부흥과 성장을 거듭하였다(행 6:7). 이런 놀라운 회복력과 생명력은 어떻게 일어나게 되었는가? 여기에는 기도가 있었다.

여자들과 예수의 어머니 마리아와 예수의 아우들과 더불어 마음을 같이 하여 오로지 기도에 힘쓰더라(행 1:14).

이 기도로 어떠한 일이 일어났는가?

홀연히 하늘로부터 급하고 강한 바람 같은 소리가 있어 저희 앉은 온 집에 가득하며 불의 혀 같이 갈라지는 것이 저희에게 보여 각 사람 위에 임하여 있더니 저희가 다 성령의 충만함을 받고 성령이 말하게 하심을 따라 다른 방언으로 말하기를 시작하니라(행 2:2-4).

초대교회에 성령 강림의 역사가 일어났다. 성령님은 헬라어로 '프뉴마'로 숨, 호흡, 바람을 상징한다. 심정지 된, 즉 호흡하지 못하는 초대교회에 성령님이 임하심을 통해 생명의 역사가 일어나게 된 것이다. 에스겔서에서 마른 뼈들에게 생기가 들어가 부흥의 역사가 일어난 것처럼 말이다.

주 여호와께서 이 뼈들에게 이같이 말씀하시기를 내가 생기를 너희에게 들어가게 하리니 너희가 살아나리라(겔 37:5).

오늘날 한국 교회는 심정지 상태에 놓여 있다. 그러나 마가의 다락방의 제자들처럼 성령님의 임재를 간절히 갈망하며 부르짖어 기도한다면 심정지 된 한국 교회는 초대교회처럼 성령님의 임재와 역사하심을 통해 강력한 회복력과 생명력으로 다시 일어나게 될 것을 믿어 의심치 않는다.

에필로그

통성기도를 넘어 부르짖는 기도로 그리고 침묵 기도(임재)를 경험
하라.

우리가 기도를 할 때 어떤 것을 구하는가에 따라 그 부요함이 다
를 것이다. 오늘날 한국 교회는 외적으로는 부요하고 결핍이 없어 보
이지만 내적으로는 어떠한가? 영적 결핍 그 자체가 아닌가? 결핍은
영어로 'Want'라고 한다. 또한 'Want'를 동사로 쓰면 '원하다'라는
뜻이다. 이는 무엇을 말해 주고 있는가? 영적 결핍의 원인, 즉 우리
가 왜 영적 결핍에 걸리게 되었는지 말해 주고 있다. 무엇 때문인가?
우리는 그동안 영적인 축복이 아닌 육적인 축복만을 구해 왔다는 것
을 말한다.

오늘날 통성기도는 번영신학과 기복신앙에 맞물려 육적인 축복

을 구하는 도구로 사용되고 있다. 기도를 하면서 "이 복 주세요.", "저 복 주세요.", "넘치게 부어 주세요."라고 하며 하나님의 복을 끌어오는 도구로 사용하고 있다. 하나님이 우리에게 원하시는 '복'은 무엇인가? 육적인 복인가? 영적인 복인가? 모두 영적인 복이라고 말할 것이다.

그렇다면 우리에게 영적인 복은 무엇인가? 바로 '예수 그리스도'가 아니겠는가? 우리가 영적 결핍에 걸리게 된 것은 다름 아닌 우리 삶에 예수 그리스도가 없었기 때문이다. 예수 그리스도처럼 살려고 부르짖지 않았고, 예수 그리스도처럼 살아 내려고 부르짖지 않았기 때문이다. 예레미야 33장 3절을 보자.

너는 내게 부르짖으라 내가 네게 응답하겠고 네가 알지 못하는 크고 은밀한 일을 네게 보이리라(렘 33:3).

여기에서 '은밀한 일'은 히브리어로 '베추로트'로 '억제하다, 접근하지 못하게 하다'라는 뜻이다. 본문에서는 수동태 분사형으로 사용되어 인간이 접근할 수 없도록 '감추어진 일', 인간의 이성으로 '측량할 수 없는 일'이라는 의미를 나타낸다. 즉, 예레미야가 부르짖어 기도할 때 그에게 감추어진 일, 그가 상상할 수도 없는 일을 알게 하셨다는 것이다. 그 일은 무엇이었는가? 바로 유다의 회복이었다. 그 당시 패망하고 있는 유다의 회복은 사람들에게 감추어진 일이었으며, 인간의 이성으로는 상상할 수도 없는 일이었다. 예레미야에게도 마찬가지였다. 시위대 감옥에 갇혀 오늘내일 자신도 어떻게 될지 모르는 상황에서 그 일을 생각한다는 것은 불가능한 일이었다. 그러나 하나님은 예레미야가 부르짖어 기도할 때 그 놀라운 일을 계시하신 것이다.

그렇다면 여기서 우리가 주목해야 하는 것이 있다. 하나님은 왜 그에게 그 일을 알게 하셨는가이다. 다른 일이 아닌, 예를 들어 감옥에 갇힌 그에게 언제 풀려날 것이라는 말씀이 아닌 유다의 회복을 말이다. 무엇 때문일까? 그것은 그가 자기 민족 유다를 마음에 품고 있었기 때문이다. 그래서 그를 '눈물의 선지자'라고 하지 않는가? 멸망하는 유다를 바라보며 안타까운 마음으로 탄식하며 부르짖었던 눈물의 선지자였다. 이런 그가 부르짖어 기도할 때 어떤 기도를 하였겠는가? 마음에 품은 기도를 하지 않았겠는가? "하나님 저들의 죄를 용서해 주세요.", "하나님, 유다를 불쌍히 여겨 주세요.", "하나님, 유다를 긍휼히 여겨 주세요.", "하나님, 유다를 구원해 주세요."라고 부르짖어 기도를 하였을 것이다. 이렇듯 하나님은 자신의 민족 유다를 품고 있었던 예레미야에게 감추어진 일, 그가 상상할 수도 없었던 유다의 회복이라는 하나님의 크고 놀라운 비밀한 일을 알게 하셨던 것이다.

이 일을 알게 된 예레미야를 상상해 보라. 멸망하는 자기 민족 유다의 회복이라니 말로 표현할 수 없는 기쁨과 감격으로 감옥에 수감되어 있었지만 낙심하고 절망하지 않았을 것이며 더 나아가 앞으로 닥쳐올 어떤 시련과 역경도 이겨 나아갈 수 있는 소망이 되었을 것이다. 우리는 어떠한가? 우리는 무엇을 품고, 무엇을 원하며, 구하며 살아가고 있는가? 돈을 많이 버는 방법, 사업에 성공하는 방법, 좋은 대학에 들어가는 방법인가? 우리에게 감추어진 일, 우리의 이성으로 측량할 수 없는 크고 비밀한 일은 무엇인가?

이 비밀은 만세와 만대로부터 감추어졌던 것인데 이제는 그의 성도들에게 나타났고 하나님이 그들로 하여금 이 비밀의 영광이 이방인 가운데 얼마나 풍성한지를 알게 하려 하심이라 이 비밀은 너희 안에 계신 그리스도시니 곧 영광의 소망이니라(골 1:26-27).

우리에게 감추어진 일, 이성으로 측량할 수 없는 크고 비밀한 일은 바로 '예수 그리스도'이다. 이는 무엇을 말하고 있는가? 우리가 예수 그리스도를 마음에 품고 그분을 알기 위해, 경험하기 위해 부르짖어 기도를 했다면 영적 결핍은 오지 않았을 것이라는 것이다. 왜 그런가? 27절을 다시 보자.

이 비밀의 영광이 이방인 가운데 얼마나 풍성한지를 알게 하려 하심이라(골 1:27).

여기서 말하는 '풍성함'은 헬라어로 '플로토스'로 '부, 부유, 윤택'이라는 뜻이다. 사도바울은 이 단어를 예수 그리스도와 관련시켜 '영광의 풍성함(엡 1:18; 빌 4:19)', '지혜와 지식의 풍성함(롬 11:33)', '은혜의 풍성함(엡 1:7; 2:7)' 등으로 자주 사용하였다. 특히 골로새서 2장 2절에서는 '모든 풍성함'으로, 3절에서는 "그 안에는 지혜와 지식의 모든 보화가 감추어져 있느니라."라고 말하고 있다. 이렇듯 거듭 강조하지만 우리가 예수 그리스도를 마음에 품고 그분을 알기 위해 부르짖어 기도를 하였다면 영적 결핍은 오지 않을 것이다.

이런 점에서 통성기도는 육적인 결핍을 채우는 기도인 반면 부르짖는 기도는 영적인 결핍을 채우는 기도라고 말할 수 있다. 통성기도는 육적인 결핍 때문에 하나님을 찾지만 부르짖는 기도는 영적인 결핍 때문에 하나님을 찾기 때문이다. 그 '방향성'이 완전히 다른 것이다. 그래서 통성기도는 육적인 부요함을 얻을 수 있을지 모르겠지만 부르짖는 기도처럼 영적인 부유함을 얻을 수 없다. 특히 '간절함'에서도 큰 차이를 보인다. 예를 들면 통성기도가 물에 빠진 사람을 보았을 때 도움을 청하기 위해 소리를 지르는 것이라면, 부르짖는 기도는 물에 빠진 사람이 도움을 청하기 위해 간절하게 부르짖는 것을 말한다. 통성기도를 하다가 부르짖는 기도를 하는 사람도 있으나 극히 소수이다. 그 단계에 들어가려면 성령님의 역사가 있어야 한다(롬 8:26).

나는 처음 신앙생활을 할 때부터 통성기도를 하였다. 그러나 청년 시절을 지나 장년이 되면서까지 기도를 하면서 해결되지 않았던 문제가 있었다. 그것은 기도를 하고 난 후 오는 '공허함'이었다. 어느 때는 몇 시간씩 기도를 하고 나왔는데도 영적으로 채워지는 것이 아닌 공허함이 밀려오곤 하였다. 그때까지만 해도 그 공허함이 '영적인 공허함'이라는 것을 몰랐다.

그러던 어느 날 출애굽기 2장 말씀을 보면서 이스라엘 백성들의 부르짖는 기도에 대해 묵상하게 되었다. 그들은 삶의 고난과 문제 속에서 무엇을 원하고 구했을까? 돈, 명예, 권력 이런 것들이었을까? 아니었다. 그들은 오로지 '하나님만'을 간절히 부르짖어 찾았다(출 2:23). "하나님, 우리를 불쌍히 여겨 주세요.", "하나님, 우리를 긍휼히 여겨 주세요.", "하나님, 우리를 구원해 주세요."라고 말이다. 즉, 하나님의 얼굴을 구했던 것이다. 하나님의 얼굴은 무엇인가? 바로 하나님의 임재를 말한다. 아! 그때 알았다. 내가 지금까지 기도를 잘못하고 있었다는 것을 말이다. "이것 주세요.", "저것 주세요."라고 하며 나의 필요만 구했지, 정작 하나님의 마음과 뜻을 구하지 않았다는 것을 말이다. 그러니 영적 공허함이 올 수밖에 없었던 것이다. 육적인 필요만 채우려고 기도를 했으니 영적인 공허함, 영적 결핍이 오는 것은 당연한 일이었다.

그때부터 나의 생각을 내려놓고 하나님의 얼굴을 구하기 시작하였다. 하나님의 마음과 뜻을 구하니 기도가 더 간절해졌고, 더 간절히 부르짖게 되었다. 그러면서 기도가 되는 것을 경험하게 되었을 뿐만 아니라 성령님이 함께하심을 체험할 수 있었다. 그리고 기도를 마친 후에 통성기도를 하고 난 후 밀려오는 영적 공허함이 아닌 마음속에 흘러넘치는 기쁨과 평안을 느낄 수 있었다. 통성기도를 넘어 부르짖는 기도가 있다는 것을 알게 된 것이다. 그 후 성경에 나오는 부르짖는 기도를 찾아 연구하고 분석하면서 이 부르짖는 기도가 영적인 기도, 영적으로 채움을 받는 기도라는 것을 알게 되었다.

소리를 내서 기도하는 사람들 가운데 기도를 하다가 하나님의 음성을 들어야 한다며 일부러 침묵의 시간을 갖는 사람들이 있다. 나는 부르짖는 기도를 하면서 이 침묵의 시간도 하나님께 맡겨 드려야 한다는 것을 알게 되었다. 부르짖어 기도를 하다 보면 성령님이 이끄시는 기도 가운데 자연스럽게 침묵의 시간에 들어갈 때가 있다.

이때가 주님의 임재 안에 들어가는 시간이다. 내 말을 멈추게 되고 주님과의 깊은 교제 가운데 주님의 음성을 듣기도 하고, 치유와 회복을 경험하기도 한다. 하나님의 음성을 듣기 위해 일부러 침묵의 시간을 갖는 것이 아닌 부르짖어 기도하는 가운데 주님이 주시는 침묵 속으로 들어갈 때 주님의 음성이 들려오게 된다. 즉, 침묵은 만드는 것이 아니라 주어지는 것이다. 오늘날 우리는 영적 결핍 가운데 있다. 통성기도의 단계를 넘어 부르짖는 기도의 단계로 들어가 주님의 임재를 경험하는 모두가 되길 바란다.

어린아이가 부르짖다

1판 1쇄 발행 2024년 5월 24일

지은이 송명구

교정자 주현강 **편집** 김해진 **마케팅·지원** 김혜지

펴낸곳 (주)하움출판사 **펴낸이** 문현광

이메일 haum1000@naver.com **홈페이지** haum.kr

블로그 blog.naver.com/haum1007 **인스타** @haum1007

ISBN 979-11-6440-586-2 (03230)